왜 세종 대왕은 훈민정음을 만들었을까?

교과서 속 역사 이야기, 법정에 서다

24
역사공화국
한국사법정

최만리 vs 세종 대왕

왜 세종 대왕은 훈민정음을 만들었을까?

글 이한우 | 그림 이남고

|주|자음과모음

훈민정음(訓民正音), 즉 한글은 조선 500년은 말할 것도 없고 5000년 한민족 역사를 통틀어 가장 위대한 발명품입니다. 훈민정음처럼 어느 한 인물이 만들어서 모든 국민이 지금까지 그 혜택을 온전하게 입으며 쉽게 사용하고 있는 문자는 인류사 어디에서도 찾아볼 수 없습니다. 대부분의 문자는 누가 언제 만들었는지 확인하는 것조차 불가능한 공동 창작품이기 때문입니다.

그런데 유감스럽게도 한글에 관해서는 여전히 수많은 오해가 존재합니다. 과연 세종 대왕이 혼자서 한글을 만들었는지에 대한 의문에서부터 한글을 만든 이유에 이르기까지 한두 가지가 아닙니다. 세종 대왕이 민족 주체성을 확립하기 위해 한글을 만들었다는 민족주의 사관이나 민중의 힘을 키워 주기 위해 만들었다는 식의 사회경제적 사관이 개입해 실상을 흐리고 있습니다. 심지어 '조선 시대 내내 한글은 멸시의 대상이었다'는, 실상과 전혀 어울리지 않는 속설까지도 버젓이 정설처럼 받아들여지고 있습니다.

우리는 재판이라는 형식을 통해 한글을 둘러싼 다양한 의문점들을 하나씩 풀어 갈 것입니다. 한글은 분명 세종 대왕이 주도하고 소수의 왕자와 공주 그리고 측근들이 힘을 합쳐 만들어 낸 문자입니다. 물론 중심은 세종 대왕이고 나머지는 보조적 역할에 그쳤을 뿐이지요. 세종 대왕은 훈민정음 창제를 위해 언어를 만드는 철학적 원리부터 말뜻을 구별해 주는 소리 단위인 음운·음성과 관련된 당대의 새로운 이론들을 폭넓게 연구했습니다. 세종 대왕은 그런 임금이었지요. 바로 이 점을 제대로 알지 못하는 일부에서는 '설마 임금이 그렇게까지 공부를 했겠느냐'는 근거 없는 의심에서 출발해 세종 대왕이 직접 훈민정음을 창제했다는 친제(親製)설을 부정하기에 이르렀습니다. 그러나 이것에 대한 다양한 연구가 이루어졌고, 이제 친제설은 정설로 자리 잡았습니다.

하지만 훈민정음 창제의 동기와 관련해서는 여전히 논란이 남아 있습니다. 세종 대왕이 훈민정음으로 한문을 완전히 대체하려 했는지 아니면 보완하는 데 그친 것인지를 비롯해, 창제의 정치적 동기는 과연 무엇이었는지에 대해서도 의견이 분분합니다. 심지어 신하들을 견제하기 위한 방법의 하나로 백성의 문자를 창제했다는 의견까지 있지요. 그러나 뭐니 뭐니 해도 훈민정음 창제의 가장 큰 동기는 세종 대왕의 백성 사랑입니다. 문자가 없어 고통 받는 백성에 대

왜 세종 대왕은 훈민정음을 만들었을까?

한 세종 대왕의 속 깊은 사랑이 훈민정음 창제의 동기인 것이지요.

세종 대왕은 백성과 소통하고자 했습니다. 그러나 백성은 문자를 몰랐지요. 그래서 백성은 피지배자일 뿐 국가의 대등한 구성원이 될 수 없었습니다. 게다가 백성이 범죄를 저질러 관가에 잡혀 오더라도 문자를 모르기 때문에 자신을 위한 최소한의 변론조차 펼칠 수 없었습니다. 세종 대왕은 백성들의 이런 처지를 가슴 아파했던 것입니다.

이번 재판에서는 훈민정음의 창제를 반대한 최만리 등을 사대주의자로 볼 것인지에 대해서도 다양한 입장에서 살펴볼 것입니다. 당시 상황에 대해서 제대로 이해하지 못하고 무작정 '사대주의'라고 낙인찍을 수는 없기 때문입니다. 조선 초기에 살았던 세종 대왕이 명나라에 대한 사대를 외교 원칙으로 삼고 있었다는 사실은 시대에 대한 이해가 얼마나 중요한가를 알게 해 줍니다. 어느 때보다도 치열할 것으로 보이는 이번 재판에서는 특정한 결론을 내리기보다 양측의 팽팽한 입장을 소개함으로써 흥미로운 읽을거리를 제공하고자 합니다.

세종 대왕과 최만리, 그리고 한글이라는 주제를 통해 우리의 역사를 제대로 알고 동시에 열린 사고란 무엇인지를 체험하는 기회가 되기를 바랍니다.

이한우

차례

세종은 궁중에 집현전을 설치하고 재주 있는 젊은 학자들을 모아 깊이 있는 학문 연구를 장려하였다. 또한 압록강 방면에 최윤덕을 파견하고 두만강 방면에 김종서를 파견하여 여진족을 몰아내고 4군 6진을 설치하였다. 뿐만 아니라 왜구의 침입을 막기 위해 왜구의 근거지인 쓰시마 섬을 토벌하기도 하였다.

| 중학교 | 역사 | VI. 조선의 성립과 발전
　1. 조선의 성립
　　2) 통치 체제를 정비하다 |
| | | VI. 조선의 성립과 발전
　2. 조선 시대 사람들의 생활
　　2) 민족 문화를 꽃피우다 |

세종이 훈민정음을 반포하자 조선 사회는 많은 변화가 일어났다. 세종 때 훈민정음으로 지은 『용비어천가』는 우리 국문학 작품의 첫출발이 되었고, 『월인천강지곡』이 그 뒤를 이었다.

세종은 전국적인 여론 조사를 통해 정책을 결정할 정도로 애민 정신이 있었으며, 나라의 근본을 백성으로 여긴 인물이었다. 그래서 백성들이 쉽게 익혀서 의사 표현을 할 수 있도록 훈민정음을 만들었다.

고등학교	한국사	Ⅱ. 고려와 조선의 성립과 발전 2. 유교 정치의 이상을 꽃피운 조선 　1) 민본 이념을 구현하기 위한 통치 체제를 　　갖추다
		Ⅱ. 고려와 조선의 성립과 발전 2. 유교 정치의 이상을 꽃피운 조선 　3) 민족 문화가 크게 발전하다

세종은 훈민정음을 창제한 뒤 『삼강행실도』 등을 한글로 편찬하여 유교 윤리를 널리 보급하는 데 활용하였다. 우리 민족은 고유 문자를 갖게 되어 민족 문화의 새로운 지평을 열어 가게 되었다.

1392년	고려 멸망, 조선 건국
1394년	한양 천도
1400년	태종 즉위
1402년	호패법 실시

1413년	조선 8도 지방 행정 조직 완성 『태조실록』 편찬
1416년	4군 설치(~1443)
1418년	세종 즉위
1420년	집현전 확장
1429년	『농사직설』 편찬

1431년	『태종실록』 완성
1432년	『삼강행실도』 편찬
1433년	장영실, 자격루 제작
1441년	측우기 제작

1443년	훈민정음 창제
1446년	훈민정음 반포
1451년	『고려사』 편찬

1368년 원나라 멸망, 명나라 건국

1369년 티무르 왕조 성립(~1508)

1405년 명나라 정화, 남해 원정(~1433)

1429년 잔 다르크, 영국군 격파

1433년 명 · 일본, 정식 외교 관계 수립

1450년 구텐베르크, 활판 인쇄술 발명

1453년 비잔티움 제국 멸망

1492년 콜럼버스, 아메리카 항로 개척

원고 **최만리(1398년~1445년)**

나는 집현전 학사로 세종 대왕이 훈민정음을 만들 때 6조목의 이유를 들어 반대하는 상소문을 올렸지요. 이 일로 세종 대왕의 노여움을 사고 관직에서 물러난 것도 억울한데, 세상 사람들이 나를 사대주의자라고 손가락질하는 것을 더는 두고 볼 수 없습니다.

원고 측 변호사 **김딴지**

나는 지상 세계, 한국에서 유명 대학 법학과를 거쳐 서 미국 로스쿨을 졸업한 변호사랍니다. 역사를 좋아해서 역사공화국에서 역사 재판을 맡고 있지요. 과거의 일에 대한 잘못된 판단을 바로잡기 위해 맹활약하고 있습니다.

원고 측 증인 **김문**

나는 모든 학문에 밝지만 특히 사학에 정통하답니다. 『의방유취』, 『자치통감훈의』 등의 책을 썼지요. 최만리와 함께 훈민정음 창제에 반대하는 상소문을 올렸답니다.

원고 측 증인 **허조**

나는 조선이 세워진 후 태조, 정종, 태종, 세종의 네 임금을 섬기며 국가의 기틀을 닦는 데 공을 세웠습니다. 벼슬이 좌의정에 이르렀으며 청백리로 명망이 높았지요. 세종 대왕은 훌륭한 임금이지만 훈민정음 창제와 관련해서는 신하의 의견을 듣지 않으셨어요.

판사 **정역사**

나는 역사공화국의 판사로, 조선 후기 학자이던 송시열의 중화주의에 대해 '사대주의'라고 유죄 판결을 내린 바 있지요. 그래서 사람들은 이번 재판에서도 최만리가 다소 불리할 것이라고 보지만, 나는 어느 쪽에도 치우치지 않고 공정한 판결을 내릴 거예요.

피고 **세종 대왕**(1397년~1450년, 재위 : 1418년~1450년)

나는 훈민정음을 창제하여 민족 문화를 꽃피우는 데 앞장섰던 조선의 위대한 왕이라오. 백성들의 생활에 실질적인 도움을 주기 위해서 여러 가지 과학 기구도 발명했지요. 하하.

피고 측 변호사 **이대로**

역사의 진실을 밝히고 수호하는 일에 자부심을 갖고 역사공화국에서 맹활약하고 있는 이대로 변호사입니다.

피고 측 증인 정인지

나는 조선 전기의 문신 겸 학자입니다. 조선을 대표하는 유학자로 세종과 문종 대에는 문화 발전에, 단종 대부터 성종 대에는 정치 안정에 기여했지요. 나는 세종 대왕이 훈민정음을 만든 취지에 동감합니다.

피고 측 증인 성삼문

나는 조선 전기의 문신이자 학자입니다. 집현전의 학사로 선발되어 세종 대왕의 총애를 받으며 훈민정음 창제를 도왔지요. 이후 세조가 어린 단종을 몰아내고 왕위에 오르자 단종의 복위를 의논하다가 처형을 당한 사육신으로도 유명하지요.

피고 측 증인 최치운

나는 태종 때 집현전 학사로 선발되었습니다. 세종 대왕을 가까이에서 모시며 밀명을 받아 모두 다섯 차례에 걸쳐 명나라를 방문하였지요. 이번 재판에서 세종 대왕이 백성을 사랑했다는 사실을 확실히 밝히겠어요.

"훈민정음 창제를 반대했다고
사대주의자라니……"

여기는 영혼들의 나라 역사공화국.

역사적으로 위대한 활동을 펼친 인물부터 사람들의 지탄을 받는 인물까지 다양한 영혼들이 모여 살고 있다. 또한 지난 역사에서 패자로 평가받은 영혼들이 자신의 명예를 회복하고자 활발하게 소송을 제기하는 곳으로도 유명하다. 지상 세계에서도 그렇듯이 이곳 역사공화국에서도 다들 소송에 휘말리지 않으려고 몸을 사린다. 재판이 다 그렇듯이 일단 소송에 휘말리면 사람을 오라 가라 하며 귀찮게 굴기 때문이다. 특히 이번 소송은 굉장히 까다로운 사건을 다루고 있어서 쉽게 나서는 변호사도 없는 실정이었다.

김딴지 변호사는 아무도 없는 조용한 사무실에 앉아서 이번 소송을 맡기로 했던 며칠 전의 상황을 떠올려 보았다.

"옛 속담에 '실없는 말이 송사 간다'더니 딱 이런 경우를 두고 하는 말이었군."

세종 대왕 시절 집현전 학사였던 최만리의 아들 최정과 김딴지 변호사가 '절친'이 아니었다면 이번 재판은 아예 시작도 되지 않았을 것이다. 최정과 차를 마시며 이런저런 이야기를 나누던 김딴지 변호사가 한숨을 내쉬며 말했다.

"이봐, 친구! 요즘 역사공화국에도 변호사가 늘어나 밥 벌어먹기도 힘들어. 내 이름을 알릴 수 있는 좋은 사건이 어디 없을까?"

"그래? 우리 아버지 문제를 잘 다루면 유명세를 탈 수 있을 것 같은데, 어때?"

친구의 넋두리를 듣던 최정이 농담 삼아 던진 이 말에, 김딴지 변호사가 벌떡 일어서며 대답했다.

"좋아, 바로 그거야!"

이번 소송은 그렇게 단순한 말 한마디에서 시작된 것이었다.

사실 최정은 그동안 사대주의자로 낙인찍혀 버린 아버지의 일로 여간 속상한 것이 아니었다. 변호사를 만나 아버지 문제로 호소를 하면 당신 말이 맞다고 맞장구를 치다가도, 직접 변론을 맡아 달라고 하면 "아, 내가 더 좋은 변호사를 소개해 주리다!" 하며 이내 손사래를 치는 경우를 번번이 보아 온 터이다. 그렇게 마음 한구석에 답답함을 품고 있었는데, 마침 김딴지 변호사가 새로운 일거리를 찾는

다니 듣던 중 반가운 소식이었다. 물론 이 소송이 성사된 데에는 김 딴지 변호사 개인의 어려운 주머니 사정도 한몫을 했다.

"갑갑한 놈이 송사한다"는 속담이 머릿속을 스치며 김딴지 변호 사의 입가에 허탈한 웃음이 흘렀다. 하지만 이제 와서 후회할 김딴 지 변호사가 아니었다.

"이번 소송에서 반드시 최만리가 사대주의자라는 오명을 씻어 주 겠어. 친구의 아버지이니 나만큼 그 속사정을 낱낱이 아는 사람도 없지."

김딴지 변호사는 이번 소송만큼은 그 어느 때보다도 원고 측 중심 으로 이끌어 가겠다고 굳게 결심했다.

한편 소장을 받은 세종 대왕 측에서는 오랫동안 고문 변호사로 일해 온 이대로 변호사를 불러 대책을 논의했다. 이대로 변호사는 잘해야 본전이라며 조금 경직된 표정으로 입을 열었다.

"이미 최만리 그 사람은 사대주의자로 알려져 있습니다. 그런데 소송을 벌이다 보면 우리는 사람들이 이미 알고 있는 이야기를 할 뿐 이지만 저쪽은 기상천외한 논리를 동원해 사람들의 눈길을 끌게 될 겁니다. 그렇다면 저쪽의 주장에 동조하는 사람이 늘어날 테지요. 아 예 이번 소송 자체를 무효화시켜 달라는 가처분 신청을 낼까요?"

하지만 세종 대왕은 당당했다.

"그런 꼼수를 부릴 필요가 없소. 내가 훈민정음을 만든 이유는 분 명하다오. 아마도 요즘 사람들은 내 뜻을 잘 전해 듣지 못해 최만리

가 그 틈을 파고들려는 것 같은데, 이번 기회에 다시 한 번 내 뜻을 만백성에게 알리는 것도 나쁘지 않을 거요.”

　“재판을 오래 끌다 보면 돈이 만만치 않게 들 텐데요. ‘3년 송사에 기둥뿌리 뽑힌다’는 말도 있지 않습니까?”

　걱정스런 표정이 가시지 않은 이대로 변호사와는 달리 세종 대왕은 여유 있는 표정으로 대답했다.

　“허허. 내가 영혼 세계로 올 때 가져온 노잣돈을 다 써서라도 이번 재판에서 승소를 이끌어 내도록 하시오. 나는 자신 있으니까!”

최만리의 상소문

강원도 관찰사, 집현전 부제학을 지내며 청렴한 선비로 이름이 높았던 최만리는 조선 초기의 문신이자 학자입니다. 집현전의 실무를 맡고 있었지요. 최만리는 총 14차에 걸쳐 상소를 올린 기록이 있는데, 그중 불교를 배척하는 상소가 6회, 세자가 서무를 처결하게 하는 곳인 첨사원의 설치를 반대하는 상소가 3회를 차지하고 있습니다.

최만리는 세종 대왕의 명으로 최항, 정인지, 박팽년, 신숙주, 성삼문 등의 집현전 학사들이 훈민정음을 연구하고 한자음을 개혁하려 하는 것을 반대하였습니다. 최만리는 '한자는 버려서는 안 되는 것'이라고 생각했으며, '언문(훈민정음)은 유익함이 없다는 점' 등을 들어 훈민정음 창제를 반대하는 상소를 올립니다. 이 일로 세종 대왕의 노여움을 사서 친국(왕이 중죄인을 직접 신문하던 일)을 당하기도 하였지요.

아래의 내용은 최만리가 올린 훈민정음을 반대하는 상소의 내용 중 일부입니다.

1. 우리나라는 중국 문화를 섬기어 중국 제도를 따라 왔습니다. 소리로써 글자를 합하는 것은 모두 옛것에 어긋나는 것입니다.

2. 중국 안에서는 따로 글자를 만든 일이 없고 오직 몽골, 서하, 여진, 일본과 같은 무리들만이 각각 제 글자를 가지고 있는데 이는 오랑캐들만의 일입니다.

3. 신라 때 설총이 만든 이두가 거칠기는 하나 중국에서 통행하는 글자를 빌려서 쓴 것으로 이를 사용하면 됩니다.

이에 세종 대왕은 다음과 같이 반박하였지요.

"그대들이 말하기를 음을 써 글자를 합하는 것이 모두 옛것에 어긋나는 일이라고 하였는데, 설총의 이두 역시 음을 달리한 것이 아니냐? 또, 이두를 만든 근본 취지가 곧 백성을 편안케 하는 일이라고 한다면, 지금의 언문 역시 백성을 편안케 함이 아니냐?"

| 원고 | 최만리 | 대리인 | 김딴지 변호사 |
| 피고 | 세종 대왕 | 대리인 | 이대로 변호사 |

청구 내용

조선 시대 중에서도 전성기였던 세종 대왕 때에 나, 최만리는 학문을 연구하는 집현전 학사로 활동하며 세종 대왕의 학술 사업과 올바른 정치에 도움이 되기 위해 이 한 몸 다 바쳤습니다. 또 신하로서 왕이 엉뚱한 길로 들어서려 할 때는 목숨을 내놓고 직언을 아끼지 않았습니다.

당시 세종 대왕께서는 업적도 많았지만 잘못도 많았습니다. 특히 부왕이었던 태종께서는 숭유억불(崇儒抑佛), 즉 유교를 숭상하고 불교를 억누르는 것을 국가의 시책으로 삼았습니다. 그런데도 세종 대왕은 틈나는 대로 불교를 강조하여 조정에 분란을 일으켰습니다. 그때마다 나는 왕보다 나라가 더 중요하다는 신념으로 비판적인 충언을 서슴지 않았습니다.

훈민정음의 경우도 마찬가지입니다. 당시에는 명나라와의 관계를 튼튼히 해야 외교와 국방이 안정될 수 있었습니다. 그런데 세종 대왕께서 독자적인 문자 창제로 오해받을 수 있는 훈민정음을 만드는 바람에 자칫 조선은 큰 위기를 맞을 수도 있었습니다. 내가 훈민정음 창제를 반대한 것은 그 때문입니다.

물론 그 당시에 세종 대왕께서 나를 사대주의자라고 말한 것은 아닙니다. 그러나 훈민정음을 만든 당시에 자신을 비판했다는 이유만으로 나를 내치셨습니다. 결국 나는 세종 대왕의 훈민정음 창제를 반대한 주범으로 몰렸고, 나아가 사대주의자라는 오명을 덮어쓰게 되었습니다.

세계화 시대에 이게 무슨 시대착오적인 발상입니까? 따라서 나는 사대주의자라는 오명을 나에게 덮어씌운 사람들에게 정당한 손해 배상을 청구함과 동시에 신하의 직언을 포용하지 못한 세종 대왕의 처사에 대해 공식적인 사과를 청구하고자 합니다.

입증 자료

- 중학교 국어 교과서, 역사 교과서
- 고등학교 국어 교과서, 한국사 교과서
  그 외 자료 추후 제출하겠음.

위 청구인 최만리
역사공화국 한국사법정 귀중

최만리는 정말
사대주의자일까?

1. 최만리는 어떤 사람일까?
2. 훈민정음에 대한 당시의 반응은 어떠했을까?

1

최만리는
어떤 사람일까?

재판이 시작되지도 않았는데 법원 밖은 각종 단체에서 나온 영혼들이 들고 있는 현수막들로 물결을 이루었다. 여기저기서 각종 구호도 들려오기 시작했다.

"사대주의자 최만리는 역사 앞에 사죄하라!"

"세종 대왕과 한글의 명예를 훼손한 최만리는 각성하고 즉각 소를 취하하라!"

흥미롭게도 세종 대왕을 지지하고 최만리를 비판하는 쪽에는 다양한 피부색의 외국인들도 여럿 눈에 띄었다. 최근 지상 세계인 한국에서 일하는 외국인 노동자가 부쩍 늘어났기 때문인 듯했다. 일부 기자들이 이들과 열띤 인터뷰를 벌이고 있었다. 이들은 한국어를 배워 보니 생각보다 쉽다는 것을 알고 이번 재판에 특별한 관심을 갖

왜 세종 대왕은 훈민정음을 만들었을까?

게 된 것 같았다. 수는 많지 않아도 최만리를 지지하는 단체의 현수막도 눈에 띄었다.

"최만리의 세계화 정신을 모독하지 마라!"

"우물 안 개구리 같은 한글 전용론자들은 각성하라!"

"이건 또 무슨 소리야, 한글 전용론자라니?"

"그것도 모르고 여기에 왔어요? 지상 세계인 한국에서는 한글과 한자가 함께 쓰이고 있잖아요. 그런데 한글 전용론자들은 순수하게 한글만 사용하자고 주장한대요. 솔직히 난 아직 뭐가 맞는 말인지는 모르겠네요."

"당연히 한글이 좋은 거 아닌가?"

"물론 맞는 말이긴 하지만, 그게 그렇게 단순하게 생각할 문제는 아닌가 봐요. 그러니 이번 재판에 이렇게 많은 관심이 쏠리고 있는 거겠지요."

그 어느 때보다도 민감한 주제를 다루고 있어서인지 방청하려고 일부러 찾아온 사람들도 삼삼오오 모여 이런저런 이야기를 나누고 있었다.

"그나저나 왜 지금 와서 최만리가 이런 소송을 걸었을까요? 괜히 긁어 부스럼 만드는 게 아닐까 싶네요."

"오죽했으면 소송을 냈겠어요. 사실 한글이 뒤늦게나마 빛을 보았으니 최만리를 사대주의자라고 욕을 하지, 그 당시에야 누가 한글이 한 나라의 언어로 이렇게까지 널리 사용될 줄 알았겠어요? 세계 역사에서도 이런 경우는 거의 없잖아요."

"아니죠. 세종 대왕이 어떤 분입니까? 당시에도 많은 신하들이 이미 세종 대왕의 위대함을 목격하고 있었죠. 그런데도 세종 대왕이 하려는 일을 돕지는 못할망정 상소문을 올려 조목조목 비판했으니, 최만리는 비판받아 마땅하지요."

"어쨌거나 이번 재판이 어떻게 결론이 날지 잘 지켜봅시다."

"자자, 이제 법정으로 들어갑시다."

재판 시작 시간이 다가오자 영혼들은 법정 안으로 몰려들었다. 웅

성거리기는 법정 안도 마찬가지였다. 저마다 이번 재판과 관련된 자신들의 입장을 밝히느라 정신이 없었다.

문이 열리고 깐깐한 인상의 정역사 판사가 들어섰다. 법정 안은 이내 조용해졌다. 정역사 판사는 얼마 전 조선 후기의 뛰어난 학자인 송시열의 사상에 대해 '사대주의'라고 유죄 판결을 내린 바 있다. 그래서 사람들은 이번 재판에서도 최만리가 다소 불리할 것이라고 보았다.

상소문
조선 시대에 일정한 신분의 신하가 왕에게 국정에 관한 의견을 올리던 글을 말합니다.

판사 원고와 피고, 그리고 양측 변호인은 모두 참석하였지요? 지금부터 원고 최만리가 피고 세종 대왕을 상대로 제기한 소송의 재판을 시작하겠습니다. 원고 측 변호인이 먼저 사건에 대해 간단히 설명해 주시기 바랍니다.

김딴지 변호사 네. 존경하는 판사님, 혹시 인터넷에서 '최만리'를 검색해 보신 적이 있습니까? 원고와 관련해서 제일 많이 나오는 단어는 바로 '사대주의자'입니다. 사대주의란 자기 나라보다 강한 국가나 세력에 복종하고 맹목적으로 수용하고자 하는 것을 말한다는 것은 판사님도 잘 아실 것입니다. 더불어 지상 세계인 한국에서 사대주의자로 낙인찍힌다는 것은 매우 치명적인 일이라는 것도 알고 계시겠지요? 본인은 물론이고 자손 대대로 불명예를 안고 살아야 합니다. 앞으로 재판을 통해 밝혀지겠지만, 전혀 사실이 아닌 이유로 인해 원고 최만리는 그동안 사대주의자라는 오명을 덮어써야 했습니다.

기득권
어떤 개인이나 단체, 또는 국가가
법에 의해 정당한 절차를 밟아서
얻은 권리를 말합니다.

판사 그럼 원고가 이번 소송을 제기한 이유는 자신이 사대주의자가 아니라는 것을 밝히기 위해서인가요?

김딴지 변호사 그렇습니다. 게다가 원고는 각종 책이나 인터넷 등에서 **기득권**의 이익을 지키려 한 수구적인 인물로 묘사되고 있습니다. 너 나 할 것 없이 개혁적이면 선한 것으로 인식되는 우리 사회에서 옛 제도나 풍습을 그대로 따르려고 하는 수구적 인물로 묘사되는 것이 얼마나 부정적인 이미지를 심어 주는지 잘 아실 것입니다. 사실 이 정도 되면 우리 역사에서는 거의 악인에 가까운 취급을 받게 된다고 해도 과언이 아니지요. 만일 원고가 관리 생활을 하면서 오로지 자신의 지배층으로서의 권리를 지키기 위해 일 처리를 했다면 이런 비판은 정당하겠지요. 그러나 원고는 그런 인물이 결코 아닙니다. 혹시 판사님께서는 원고 최만리에 대해 어느 정도 알고 계시는지요?

이대로 변호사 판사님, 지금 원고 측 변호인은 본 재판과 관계없는 질문을 하고 있습니다.

판사 기각합니다. 솔직히 말씀드리면 나는 원고에 대해 별로 알지 못합니다. 그저 세종 대왕이 훈민정음을 창제했을 때 반대하는 상소문을 올린 인물 중의 하나라는 것만 알고 있습니다. 게다가 그 상소문도 직접 본 적이 없기 때문에 원고가 정확히 어떤 입장과 논리에서 반대를 했는지 잘 모릅니다. 그러나 그 부분은 앞으로 재판이 진행되는 동안 차근차근 알아봐야 할 것입니다. 원고 측 변호인, 계속하세요.

명예 훼손
사람의 품성이나 명성, 신용 등에 대한 사회적인 평가를 침해하여 손해를 입히는 것을 말합니다.

김딴지 변호사   감사합니다. 존경하는 판사님, 제가 감히 판사님께 최만리라는 사람에 대해 어느 정도 알고 계시느냐고 물었는데요, **명예 훼손**이란 사람에 따라 상대적인 평가가 이루어지기에 그 질문을 드린 것입니다.

자, 한번 생각해 보시지요. 예를 들어 학교에서 누군가가 학생과 선생님, 그리고 교장 선생님에게 삿대질을 했다고 가정해 봅시다. 이때 학생과 선생님, 그리고 교장 선생님이 당한 명예 훼손은 그 의미가 다를 수밖에 없습니다. 물론 이런 행위는 누구에게든 바람직하지 않지만, 그에 따른 명예 훼손은 누가 보아도 교장선생님이 가장 크게 당했다고 할 수 있지 않을까요?

따라서 원고가 어떤 인물이었는지 알아야 원고가 당한 일이 얼마나 심각한 명예 훼손인지를 판단할 수 있을 것입니다.

판사   그럼 원고 측 변호인이 간단하게 소개하시지요.

김딴지 변호사   감사합니다. ▶원고는 세종 1년 문과에 급제해 관리 생활의 대부분을 집현전에서 보냈으며, 누구보다 가까이에서 세종 대왕의 치세를 도왔습니다. 또, 강원도 관찰사로 재직할 때는 깨끗한 공직 생활로 청백리라는 칭송을 들었습니다.

판사   청백리라면 당시 성품이 맑고 근검하며 도덕적 덕목을 두루 갖춘 이상적인 관료상을 말하는 것이 맞습니까?

김딴지 변호사   네. 뿐만 아니라 관리로서 일을 처리하는 능력도 매우 뛰어나야 하지요. 청백리로 불리기가 결코 쉬운 일이 아니라는 것쯤은 모두 알고 계시겠지요?

교과서에는

▶ 세종 대왕은 궁중에 집현전을 설치해 재주 있는 젊은 학자들을 모아서 깊이 있는 학문 연구를 장려하였습니다. 이로써 유교 정치와 민족의 전통 문화를 꽃피우는 데 큰 기여를 했답니다.

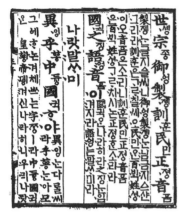

『월인석보』제1권에 실린 「세종어제훈민
정음」입니다.

이런 원고가 훈민정음 창제에 반대하는 의견을
냈을 때는 그에 합당한 충분한 이유가 있었을 텐
데 그런 이유는 살펴보지도 않은 채 그를 사대주
의자라고 매도했습니다. 그 결과 원고는 역사적으
로 긍정적인 평가를 받을 수 있는 정치인이자 대
학자인데도 불구하고 숱한 비판을 받아 왔지요.
이 재판을 통해 당시 훈민정음 창제가 부당했음을
알리고 원고가 당한 명예 훼손 사실을 밝히고자
합니다.

판사   잘 들었습니다. 피고 측 변호인, 반론하세
요. 일단 원고 측에서 지금까지 변론한 범위 안에서만 반론하면 됩
니다.

판사의 말이 끝나자 이대로 변호사는 기다렸다는 듯이 자리에서
일어났다. 원고 측 변론이 매우 황당하다는 표정을 지으며 크게 심
호흡을 하고는 입을 열었다.

이대로 변호사   시작부터 원고 측은 어이없는 주장을 하고 있습니
다. 훈민정음 창제가 부당했다니요? 간단히 말해 세종 대왕이 훈민
정음을 창제한 것이 이치에 맞지 않다는 건데, 그러면 훈민정음을
창제하지 말았어야 한다는 것인가요? 아무리 변호사가 자기 의뢰인
의 입장을 옹호해야 한다고는 하지만 정도가 있지, 그렇게 막무가내

왜 세종 대왕은 훈민정음을 만들었을까?

로 주장하면 곤란합니다.

판사 피고 측 변호인, 처음부터 너무 흥분하지 마세요. 그리고 상대방을 자극할 수 있는 표현은 삼가 주시기 바랍니다.

이대로 변호사 알겠습니다. 훈민정음이 세종 대왕의 위대한 발명품이라는 것은 여러 면에서 입증되고 있습니다. 20세기 들어 한국은 식민지 상황을 겪었음에도 불구하고 세계 어느 나라보다 빨리 문맹에서 벗어날 수 있었습니다. 세종 대왕의 한글이 없었어도 이런 일이 가능했을까요? 또, 온 국민이 쉽게 글을 깨치고 지식을 익힐 수 있도록 해 준 한글이 아니었다면 급속한 산업화와 민주화도 불가능했을 것입니다.

21세기 들어 한글의 위력은 더욱 커지고 있습니다. 특히 휴대 전화 문자를 다룰 때 얼마나 편리합니까? 이런 편리함 덕분에 한국은 정보화 시대에 선두를 달리고 있는 것입니다. 심지어 인도네시아의 찌아찌아 족은 자신들의 표기 수단으로 한글을 선택했습니다. 앞으로도 이런 예는 수없이 많아질 것입니다. 이상입니다.

"옳소, 옳소."

이대로 변호사가 자랑스럽게 한글에 대해 소개하자 방청석에 앉아 있던 사람들이 고개를 끄덕이기 시작했다. 양측의 입장을 들은 판사는 본격적으로 원고의 이야기를 들어 보기로 했다.

찌아찌아 족
인도네시아의 소수 민족으로 부톤 섬 바우바우 시에 살고 있습니다. 독자적 언어를 갖고 있지만 문자가 없어서 고유어를 잃을 위기에 처하자 찌아찌아 어를 표기할 공식 문자로 한글을 도입하기로 하였답니다.

판사   자, 그러면 원고는 앞으로 나와서 이번 소송을 제기하게 된 이유를 간략하게 말씀해 주세요.

최만리   우선 분명히 밝혀 두고 싶은 것이 있습니다. 어떤 연유에서인지 모르지만 나 혼자 훈민정음 창제에 반대하는 상소문을 올린 것처럼 알려져 있는데, 실상은 그렇지 않습니다. 당시 훈민정음의 문제점을 지적한 상소문은 직제학 신석조, 직전 김문, 응교 정창손, 부교리 하위지, 부수찬 송처검, 저작랑 조근 등 일곱 명의 뜻있는 관리들이 함께 검토한 뒤 작성하여 올린 것입니다. 다만 직위가 제일 높은 내 이름을 앞에 두었을 뿐이지요. 책임을 회피하자는 것이 아니라 당시 뛰어난 젊은 학자들은 한결같이 세종 대왕의 훈민정음 창제에 대해 부정적이었다는 사실을 말씀드리려는 것입니다.

김딴지 변호사   당시에는 신하들이 왕이 하는 일에 대해서 부정적인 의견을 자유롭게 낼 수 있었나요?

최만리   물론입니다. 왕이 하는 일에 대해 **사헌부**, **사간원**뿐만 아니라 집현전도 의견을 낼 수 있도록 제도적 장치가 마련되어 있었습니다. 그런 제도에 따라 훈민정음의 문제점을 지적했는데 나를 사대주의자라고 단정 짓는 것은 도저히 받아들일 수 없습니다. 나와 나의 후손들뿐만 아니라 함께 상소문을 작성했던 집현전 학사들과 그들 후손들의 명예를 위해서라도 당시 훈민정음 창제의 부당성을 지적한 상소문은 조목조목 다시 검토될 필요가 있습니다.

판사   그랬군요. 원고 혼자 상소문을 올린 것이 아니라 집현전 학

사헌부
고려와 조선 시대에 관리의 그릇된 행실을 살펴 죄를 지었을 때는 법적인 절차에 따라 처벌한 감찰 기관입니다.

사간원
왕의 처사에 대해서 충고하고 사회·도덕적 문제들에 대해 논의하며 건의하는 일을 맡은 조선 시대의 관청을 말합니다.

사들이 함께 참여했다는 말씀이지요? 잘 알겠습니다. 훈민정음 창제가 부당하다는 원고의 주장을 검토하기에 앞서 우선 원고의 명예 훼손 여부를 살펴봅시다. 원고가 정확히 어떤 명예 훼손을 당했는지가 구체적이고 실질적으로 입증되어야만 그다음에 훈민정음 창제의 부당성을 논할 수 있을 것 같습니다. 원고는 구체적으로 무슨 피해를 입었나요?

최만리 　조금 전 김딴지 변호사도 이야기했지만, 죽어서 이 역사 공화국으로 이주해 오기 전까지 나의 공직 생활은 청렴과 결백이라는 미덕에서 한 걸음도 옆으로 벗어난 적이 없습니다. 그리고 훈민정음 창제를 반대하는 상소문으로 고초를 겪은 후 나는 미련 없이 관직을 버리고 고향에 내려가 책만 읽으며 지내다가 1년도 못 되어 세상을 떠났습니다. 글쎄요, 내가 좀 더 오래 살았더라면 훗날 수양대군의 변란에 목숨을 걸고 반대한 사육신의 한 사람이 되었을지도 모릅니다. 물론 가정이긴 하지만, 내가 살아온 모습을 보면 지나친 주장이 아님을 알 수 있을 것입니다.

이대로 변호사 　이의 있습니다. 지금 원고는 일어나지도 않은 일을 무리하게 가정해서 자신의 이미지를 애써 포장하고 있습니다.

김딴지 변호사 　포장이라니요? 원고의 강직한 성품이면 충분히 가정해 볼 수도 있는 것 아닙니까?

판사 　두 사람의 말이 모두 일리가 있습니다. 하지만 원고는 직접적으로 입은 피해에 대해서만 간단하게 언급하고 마무리하길 바랍니다.

최만리 　간단히 말씀드리겠습니다. 나는 집현전 학사로서 당시에 지극히 정상적인 판단에 입각해 논리적 반박을 했다는 이유만으로 결국엔 사대주의의 화신처럼 비난받았습니다. 사람을 어떻게 이렇게 매도할 수 있습니까? 그로 인해 내 후손들은 어디 가서 '우리 조상이 최만리다'라는 말도 떳떳이 못합니다. 조상이 되어 가지고 후손들에게 이런 어려움을 주는 것보다 더 큰 부끄러움이 어디 있겠습니까?

판사 　잘 알겠습니다. 억울함을 참고 차분하게 잘 말씀해 주셨습니다. 그럼 다시 상소문 문제로 돌아가겠습니다.

이대로 변호사 　그 상소문을 쓸 때 집현전 학사들이 모두 참여했던 것입니까?

최만리 　그렇지는 않습니다. 그중 일부인 일곱 명이 참여했습니다.

이대로 변호사 　전부 몇 명인데 그중 일곱 명이 참여했다는 것입니까?

최만리 　많을 때는 서른두 명까지 됐었는데, 상소문을 쓸 당시에는 정원이 스무 명이었습니다.

이대로 변호사 　집현전 학사 중 절반이 되지 않는 수가 참여했다는 말이군요. 그렇다면 훈민정음에 반대하는 상소문은 집현전 학사들 전체의 의견으로 볼 수는 없겠군요.

최만리 　그러나 집현전의 경우 윗사람의 의견보다 아랫사람의 의견이 더 중요하게 받아들여지는 전통이 있습니다.

김딴지 변호사 　판사님, 몇 명이 함께 상소문을 올렸는지를 헤아리기에 앞서, 우리는 어떤 과정을 통해 원고가 사대주의자라는 오명을 덮어쓰게 되었는지 그 과정을 짚어 볼 필요가 있다고 생각합니다. 사실 조선 시대 내내 원고가 훈민정음 창제를 비판하는 상소문을 주도했다는 이유로 그를 사대주의자라고 매도한 사람은 아무도 없었습니다. 피고 세종 대왕도 원고가 사대주의자라는 이유로 상소문을 내치지는 않았습니다. 이 점은 앞으로 밝혀질 것입니다.

이대로 변호사   하지만 훗날의 역사가 원고를 사대주의자라고 평가했고, 이제는 받아들일 때도 되지 않았습니까?

판사   피고 측 변호인은 자중해 주세요. 그럼 원고 측 변호인은 원고가 사대주의자로 평가된 것이 왜 부당한지 설명할 수 있습니까?

김딴지 변호사   네. 저는 이번 소송의 변호를 맡고 나서 『조선왕조실록』을 조사해 보았습니다. 원고에 대해 살펴보니 세종 시대에만 그에 대한 기록이 총 30건이 나왔습니다. 대부분 왕자와 세자의 교육을 담당했다는 기록과 불교에 기운 세종 대왕을 비판했다는 기록들이었습니다. 부정적인 기록은 거의 없었습니다. 세조 대에는 딱한 차례 언급되는데, 그것은 원고가 세자의 교육을 책임지고 있을 때 훌륭히 세자를 보필했다는 칭찬이었습니다. 세자가 조그마한 과실이라도 저지르면 강직한 충심으로 잘못을 바로잡는 말을 했다는 것입니다. 이처럼 원고는 직언과 강직함의 대명사요, 청렴결백한 사람입니다. 이러한 원고가 사대주의자로 낙인찍힌 결정적인 배경은 20세기 들어서 조선이 망하고 일본의 식민지가 되면서부터입니다. 당시 빼앗긴 나라를 되찾아야 한다는 열망이 너무 강한 나머지 우리

어제 배운 내용인데도 기억을 못하시다니요. 학문에 좀 더 매진하셔야 합니다.

스승님은 역시 빈틈이 없으십니다. 흠흠.

역사와 우리말을 강조하다 보니 엉뚱하게 원고에게 사대주의자라는 오명이 덮어씌워진 것입니다.

이대로 변호사 판사님, 지금 원고 측 변호인은 검증되지 않은 추측 성 이야기를 하고 있습니다. 중단시켜 주시기 바랍니다.

판사 기각합니다. 다만 원고 측 변호인은 근거를 제시해 가면서 변론하시기 바랍니다.

김딴지 변호사 알겠습니다. 일제 강점기에 한글만을 사용해야 한 다는 한글 전용론이 존재했는데, 이때부터 원고는 사대주의자로 몰리기 시작했습니다. 한글 전용론자들은 피고가 강한 자주 의식으로 한글을 창제했고, 사대주의에 젖은 원고는 이를 결사적으로 반대했다는 단순한 이분법을 내세우게 됩니다. 하지만 당시 피고야말로 명나라에 대해 그냥 사대도 아니고 지극한 정성을 다하는 지성 사대(至誠事大)를 대명 외교의 원칙으로 삼았습니다. 여기 관련 자료를 제출합니다.

김딴지 변호사는 『조선왕조실록』 중에서 세종 대왕이 신하들에게 지성 사대를 강조하는 대목들을 복사한 자료 10여 점을 판사 앞에 내놓고 다시 이야기를 이어 갔다.

김딴지 변호사　　물론 식민 지배 아래에서는 한글 전용론자들의 이같은 주장이 민족 교육이라는 신성한 목표에 도움을 주는 것이 사실입니다. 하지만 광복이 되고 60년이 넘도록 이런 시각에서 벗어나지 못한다는 것은 불행한 일입니다. 원고가 어이없게 사대주의자로 내몰린 것도 실은 역사적인 무지와 관계가 있다고 봅니다.

이대로 변호사　　원고 측 변호인의 주장에 일부 인정할 측면이 있다고 봅니다. 그렇지만 역사는 결국 후대가 평가하는 것 아닌가요? 당대의 사람들은 그 시대 속에 살고 있기 때문에 전체를 살필 수 없습니다. 그래서 역사는 오랜 시간이 지나야 새로운 시각에서 객관적인 평가를 받을 수 있게 됩니다. 그런 과정에서 원고가 지나치게 명나라를 의식하고 우리 자신의 능력에 대해서는 극도로 비판적이었다는 평가가 나온 것이지요. 이런 점을 지적하기 위해 그를 사대주의자라고 평가하는 것은 틀렸다고 보지 않습니다.

국수주의자
자신의 나라에 대한 우월감으로 다른 나라의 역사와 문화를 깔보거나 업신여기는 태도를 지닌 사람을 말합니다.

김딴지 변호사　　　그렇지 않습니다. 만일 피고 측 변호인의 말대로라면 역사에 대한 평가는 시시각각 바뀌게 됩니다. 먼 훗날 제가 최만리 사건의 변호를 맡았다는 이유로 느닷없이 사대주의자로 몰릴지 누가 알겠습니까? 또 반대로, 피고 측 변호인이 국제주의적인 시각을 무시한 국수주의자로 몰릴지 누가 알겠습니까? 완벽하지는 않아도 일정한 사실과 원칙에 입각한 평가를 해야 하는 것 아닐까요?

판사　　　일단 그 문제는 본 안건에서 벗어나 있기 때문에 다루지 않겠습니다. 지금까지 양측의 입장에 대해서는 충분히 들었다고 봅니다. 이제 양측에서 신청한 증인을 불러 이야기를 들어 보도록 하겠습니다.

집현전은 어떤 기관이었을까?

집현전은 세종 대왕이 궁궐 안에 설치한 학문 연구 기관입니다. 조선 시대 이전에도 집현전과 같은 제도가 존재하였으나, 세종 대왕 대에 본격적으로 발전하여 활발한 학문 활동이 이루어졌습니다. 집현전은 일반적으로 20여 명 안팎의 학자들로 구성되었습니다.

집현전에는 영전사(정1품), 대제학(정2품), 제학(종2품)이 각각 2명씩 임명되었고 모두 다른 관직을 겸할 수 있는 명예직이었습니다. 그 아래로는 집현전의 실무 책임자인 부제학(정3품)을 비롯하여 직제학(종3품), 직전(정4품), 응교(종4품), 교리(정5품), 부교리(종5품), 수찬(정6품), 부수찬(종6품), 박사(정7품), 저작(정8품), 정자(정9품)로 구성되어 있었습니다. 이렇게 한번 집현전 학사가 되면 다른 관직으로 옮겨 가지 않고 그 안에서 단계적으로 승진하며 연구 활동을 하였답니다. 이는 집현전을 통해서 전문적인 인재를 양성하고자 했던 세종 대왕의 의도에서 비롯되었습니다. 집현전 학사들은 조선 초기에 사회 전반을 이끌어 나가는 중요한 역할을 감당했지요. 세종 대왕 이후 역사에서 큰 활약을 했던 인물의 대부분이 집현전 출신이었답니다.

집현전의 대표적인 활동으로 책을 펴내는 편찬 사업을 들 수 있는데, 주로 역사서와 유교 윤리서가 많았고 훈민정음 창제와 관련한 책들도 유명합니다. 모두 우리나라의 귀한 문화유산으로서 조선 초기에 나라의 기틀을 바로잡고 백성을 교화하는 데 큰 역할을 하였지요.

◆ 집현전에서 펴낸 책

역사서로『치평요람』,『자치통감훈의』,『정관정요주』,『역대병요』,『고려사』,
『고려사절요』,『태종실록』,『세종실록』등이 있고, 유교 윤리서로는『효행
록』,『삼강행실도』등이 있습니다. 훈민정음 창제와 관련된 책으로는『운회언
역』,『용비어천가주해』,『훈민정음 해례본』,『동국정운』,『사서언해』등이 있
습니다.

『훈민정음 해례본』은 훈민정음의 한문 해설
서입니다.

단종과 사육신

세종 대왕의 뒤를 이은 문종이 2년 3개월 만에 죽자 그의 아들 단종이 12세의 어린 나이에 왕위에 올랐습니다. 당시 세종 대왕의 둘째 아들이자 단종의 숙부였던 수양 대군은 정치적 야심이 큰 사람이었지요. 그는 30여 명의 무인 세력과 함께 기회를 엿보다가 결국 단종을 보필했던 김종서를 죽인 후 차례로 조정의 중신들을 죽였습니다. 이후 어린 단종은 모든 권력을 손에 쥔 수양 대군에게 왕위를 넘겨주어야 했지요. 그 수양 대군이 제7대 세조입니다.

세조가 이렇게 왕위를 찬탈하자 이에 분개한 일부 신하들은 단종의 복위를 결의했습니다. 하지만 이 일은 실패로 돌아갔고, 이를 주도했던 박팽년, 성삼문, 이개, 하위지, 유성원, 유응부 등 여섯 명의 신하들은 모진 고문과 처형을 당했지요. 이들을 사육신이라고 합니다. 이들은 대다수가 집현전 학사 출신으로 세종 대왕의 총애를 받았던 인물들입니다. 그래서 그 충심이 대단했는데, 혹독한 고문을 받으면서도 박팽년과 성삼문은 끝까지 세조를 왕으로 인정하지 않았다고 합니다. 이후 숙종 대에 들어서야 정식으로 이들의 명예가 회복될 수 있었지요.

2

훈민정음에 대한 당시의 반응은 어떠했을까?

이대로 변호사　판사님, 세종 대왕의 훈민정음 창제 취지에 찬성하며 처음부터 끝까지 반포 준비 과정에 참여했던 정인지를 증인으로 불러 설명을 듣고 싶습니다.

판사　허락합니다.

조선 시대 관복을 입고 흰 수염을 기른 정인지가 증인석으로 나왔다. 증인 선서를 하기 전, 정인지는 피고석에 앉아 있는 세종 대왕에게 허리를 숙여 인사했다.

이대로 변호사　안녕하세요, 증인. 나와 주셔서 감사합니다. 간략하게 자기소개를 해 주시겠어요?

정인지　　나는 세종 대왕 때 예조 판서를 지내고 세조 때 정승을 지낸 정인지입니다.

이대로 변호사　　우선 가장 큰 쟁점인 사대주의 논쟁과 관련해서 묻겠습니다. 증인은 원고와 동료였다고 들었습니다. 증인은 원고가 실제로 사대주의자라고 생각합니까?

정인지　　▶사대주의자라기보다는 종속주의자라고 봅니다. 사대주의는 조선의 공식적인 대명 외교 노선입니다. 세종 대왕께서도 이 노선을 충실하게 따랐습니다. 앞서 원고 측에서 전하께서 지성 사대를 했다고 했는데, 표현만 놓고 보자면 틀린 말은 아닙니다. 실제로 명나라와 외교 관계를 맺을 때 전하께서는 시종일관 지성 사대를 강조했습니다.

그러나 문제는 조선 백성의 삶과 관련되는 문제까지 그런 노선에 종속시켜야 하는지에 관한 것입니다. 전하께서는 분명 그럴 필요까지는 없다고 본 반면, 최만리를 비롯한 몇몇 집현전 학사들은 반드시 그래야 한다고 보았습니다. 어리석은 짓이지요. 자기 나라 왕보다 대국 명나라의 황제를 더 두려워한 것이지요. 사실 사대는 외교 관계에서만 형식적으로 유지하면 되는 것이지 백성을 다스리는 국내 정책에까지 반영할 필요는 전혀 없었습니다. 전하께서도 늘 그런 생각으로 우리에게 말씀하셨고요. 어쩔 수 없는 사대와 자발적인 사대는 다르겠지요. 그래서 나는 용어의 혼란을 막기 위해 종속주의자라는 명칭을 사용하는 것이 더 낫다고 생각합니다.

김딴지 변호사　　이의 있습니다. 종속주의자라는 용어는

교과서에는

▶ 조선은 건국 직후부터 명과 친선 관계를 유지하여 국가의 안전을 보장받았습니다. 이는 중국 중심의 국제 질서 속에서 나타난 외교 정책이었으며, 서로의 독립성이 인정된 상태에서 맺어진 관계였습니다. 이러한 외교 정책은 조선 전 시기에 걸쳐서 일관되게 추진되었답니다.

결코 받아들일 수가 없습니다. 그 말은 사대주의자보다 훨씬 더 부정적일 뿐만 아니라 상소문의 진의를 완전히 왜곡하는 것입니다. 원고가 종속주의자라는 말이 성립하려면 상소문 어느 한 곳에서라도 우리나라가 중국의 속국이 되는 것이 가장 좋다는 식의 발언이 있었어야 합니다. 존경하는 판사님, 사대주의자라는 말도 명예 훼손이 되는데 종속주의자라는 것은 치욕 중의 치욕입니다. 이 법정에서 저런 용어의 사용은 금지해 주시기 바랍니다.

판사　　인정합니다. 피고 측은 용어 사용에 주의해 주세요. 이제 원고 측에서 증인을 신문하세요.

김딴지 변호사　　감사합니다. 증인은 훗날 수양 대군 때 온갖 권세와 부귀를 누리다가 이곳 역사공화국에 온 사람입니다. 사실 훗날 세조라는 이름을 얻게 되는 수양 대군이야말로 피고와 거의 공동으로 훈민정음을 창제했다고 할 만큼 관련이 깊은 인물이지요. 증인은 훗날 수양 대군을 가까이에서 왕으로 모셨으니 그런 정황도 많이 전해 들었을 것입니다. 그런데 증인은 피고가 한글을 단독 창제했다고 강하게 주장하는 것으로 알고 있습니다. 증인의 증언에 그만큼 신뢰성이 떨어질 수 있다는 점을 먼저 말씀드리고 싶네요.

이대로 변호사는 김딴지 변호사의 발언이 증인을 모독하는 행위라며 강하게 반발했다. 판사가 자중하라는 눈빛을 보내자 이대로 변호사가 분하다는 듯 자리에 앉았고, 김딴지 변호사는 증인 정인지에 대한 신문을 이어 나갔다.

김딴지 변호사 증인은 왜 원고를 사대주의자라고 생각하는지 근거를 들어 설명해 주시기 바랍니다.

정인지 다들 잘 아시겠지만 말과 글이란 한 나라에서도 세월이 지나면 변하기 마련입니다. 하물며 문자가 없어 다른 나라의 글자를 빌려 쓰다 보니 마치 둥근 막대기가 네모난 구멍에 들어간 것처럼 네 곳이 텅 비는 것 같았습니다. 나도 우리말을 만들자는 전하의 명을 받고서 중국에 가서 음운학, 즉 언어의 소리를 연구하는 학문을 공부하고 보니 오히려 우리의 소리가 중국 명나라의 소리와 얼마나 다르며, 따라서 우리의 글이 얼마나 필요한지를 절실히 깨닫게 되었습니다.

이런 사정은 굳이 음운학을 공부하지 않아도 알 수 있는 이치입니다. 한문의 불편함은 어제오늘의 일이 아니기 때문에 뜻이 있는 사람이라면 다 이런 곤경에서 벗어나야 한다고 생각할 것입니다. 특히 배울 기회가 적은 일반 백성은 그 고충이 훨씬 심했습니다. 전하께서는 이런 백성의 고통을 자신의 고통처럼 여겨 오랫동안 연구하고 실험한 끝에 우리말에 딱 들어맞는 글자를 만들어 내셨습니다. 이를 자랑스러워하기는커녕 우리글을 스스로 비하하는 최만리의 태도는 조선 사람이라면 누구도 받아들일 수 없다고 봅니다.

김딴지 변호사 그럼 증인에게 한 가지 더 묻겠습니다. 방금 훈민정음이 '우리말에 딱 들어맞는 글자'라고 하셨는데, 무슨 근거로 그런 주장을 하시는 겁니까?

정인지 원고 측 변호인은 운학을 공부한 적이 있습니까?

김딴지 변호사 없습니다.

왜 세종 대왕은 훈민정음을 만들었을까?

정인지　　그러면 운학의 원리로 설명해서는 알아듣지 못할 것 같군요. 간단히 말하면, 중국의 소리와 우리 소리의 차이를 운학의 원리에 따라 구별한 다음에 우리만의 소리를 표현할 수 있는 문자를 찾아낸 것이 훈민정음이라고 보면 됩니다.

김딴지 변호사　　지금 묘하게도 세종 대왕의 집현전 학사들이 나뉘어 각각 원고와 피고 편을 들고 있습니다. 어떻게 하다가 이런 일이 벌어진 것입니까?

정인지　전하께서는 스스로 창제하신 훈민정음의 점검 작업을 집현전에 맡기려 하셨습니다. 그러나 최만리가 주동이 되어 일곱 명의 집현전 학사들이 강하게 반발하는 바람에 나를 비롯한 다른 학사들이 훈민정음을 검토하게 된 것입니다. 오죽했으면 집현전 소속이 아닌 돈녕부 주부 강희안까지 차출했겠습니까? 이러한 최만리의 행동은 스스로 조선 왕의 신하임을 망각한 태도가 아닐 수 없습니다. 저들의 행위는 명나라의 것이라면 무조건 좋아하겠다는 태도로 보입니다. 흠흠.

김딴지 변호사　지금 증인은 전혀 다른 문제를 끌어들여 원고를 비방하고 있습니다. 신하라고 해서 무조건 왕이 시키는 대로 해야만 하는 것입니까? 또, 왕이 시키는 대로 하지 않으면 곧 사대주의자입니까? 왕도 사람인지라 언제든지 잘못을 저지를 수 있습니다. 그런 잘못을 사전에 막기 위해 신하들의 간언(諫言)을 보장했던 것이 조선이라는 나라의 정치 제도입니다. 나라에서 보장해 놓은 간언을 했는데도 사대주의자라고 몰릴 수 있는지 도무지 이해할 수가 없습니다. 그러면 왕이 어떤 새로운 일을 하겠다고 하면 신하들은 옳고 그름을 따져 보지도 않고 무조건 따라야 합니까? 참으로 어이없는 주장입니다.

판사　'어이없다'는 식의 표현은 삼가 주세요.

김딴지 변호사　주의하겠습니다. 자, 증인에게 묻겠습니다. 증인은 조금 전에 원고가 훈민정음을 자랑스러워하지 않았다고 비판했습니다. 증인은 그것이 자랑스러웠는지 모르지만 과연 그 당시의 조선 사람들이 훈민정음을 얼마나 자랑스러워했을까요? 오히려 원고와 같은 입장이 훨씬 널리 퍼져 있던 생각 아닙니까?

정인지 물론 양반들 사이에서는 최만리를 지지하는 사람들이 많았습니다. 그러나 훈민정음은 눈부신 속도로 일반 백성과 여성들 사이로 퍼져 나갔습니다. 세조 때는 이미 많은 여성과 백성이 훈민정음으로 의사 표현을 했습니다. 성종 때는 **수렴청정**을 했던 대왕대비 윤씨께서 훈민정음으로 명을 써서 내리면 이를 다시 한문으로 번역하여 전달했습니다. ▶물론 연산군 때 잠깐 훈민정음이 고초를 겪기도 했지만, 선조 때는 국가에서 **사서삼경**을 모두 한글로 번역했고, 그 덕에 정철의 가사 작품처럼 아름다운 우리글로 된 문학이 꽃피게 되었지요. 훈민정음이 처음 만들어졌을 때 최만리와 같은 반대 무리가 많았던 것은 인정하지만, 커다란 역사의 물결로 본다면 훈민정음이 대세였다는 것을 누구라도 금방 알 수 있을 것입니다.

김딴지 변호사 지금 말씀하신 것처럼 훈민정음을 그렇게 훌륭하다고 여기셨다면, 이후 증인은 문자 활동을 한문으로 했습니까 훈민정음으로 했습니까?

이대로 변호사 존경하는 판사님, 지금 원고 측 변호인은 본 안에서 벗어난 질문으로 증인을 몰아세우고 있습니다.

김딴지 변호사 그렇지 않습니다. 본 안과 직접, 그것도 깊이 연결된 질문입니다.

판사 증인의 의사에 맡기도록 하겠습니다. 증인은 답변

수렴청정
나이가 어린 왕을 대신하여 왕의 어머니나 할머니 등이 정치를 맡는 일을 말합니다. 왕대비가 왕의 뒤에서 발을 내리고 이야기를 듣던 것이 어원이 되었답니다.

사서삼경
유교의 기본 경전으로, 사서는 『논어』, 『맹자』, 『대학』, 『중용』을, 삼경은 『시경』, 『서경』, 『역경』을 이릅니다.

교과서에는

▶ 조선 후기에는 한글 소설과 사설시조가 대표적이었는데, 『홍길동전』, 『춘향전』 등의 소설은 문학이 서민층에까지 확산되었음을 보여 줍니다. 새롭게 발전한 가사 문학은 풍부한 우리말의 어휘를 마음껏 구사한 것으로 유명합니다.

하시겠습니까?

정인지　짧게 답변하지요. 문자 활동은 저 혼자 옳다고 해서 이루어지는 것이 아닙니다. 훈민정음 창제 후 몇 년 지나지 않아 전하께서 승하하시는 바람에 이를 적극적으로 추진할 동력이 사라졌습니다. 그런 상황에서 나 혼자 훈민정음을 쓰기는 어려웠습니다.

승하
왕이나 존귀한 사람이 세상을 떠났을 때 쓰는 말이지요.

김딴지 변호사　잘 알겠습니다. 증인에 대한 신문은 이쯤에서 마치고 다음 증인으로 집현전 학사였던 김문에 대한 신문을 요청합니다.

판사　받아들입니다. 증인은 앞으로 나와 주십시오.

판사의 말에 원고 측 증인인 김문이 뚜벅뚜벅 증인석으로 걸어 나왔다. 이를 지켜보던 방청석이 술렁거렸다.

"김문? 많이 들어 봤는데 어떤 사람이었지?"

"김문은 집현전 학사 출신으로 사학에도 능통했던 인재였지. 최만리와 함께 훈민정음 창제에 반대하는 상소문을 올렸잖아."

"아, 그래서 여기 나왔군. 무슨 증언을 할지 기대되는데."

김문　선서. 나 김문은 한국사법정에서 진실만을 말할 것을 맹세합니다.

김딴지 변호사　안녕하세요. 증인은 원고와 함께 훈민정음 창제에 반대하는 상소문을 올렸다고 알고 있습니다. 이에 핵심적인 질문 하나만 드리겠습니다. 증인은 왜 훈민정음 창제를 막아야겠다고 생각

태종
조선의 제3대 왕으로 조선 건국에 큰 공을 세운 인물이며, 세종 대왕의 아버지이기도 합니다.

종묘사직
왕실과 나라를 통틀어 이르는 말입니다.

했습니까?

김문 간단히 말씀드리면 득보다 실이 크다고 보았습니다. 당시 조선은 명나라와 불안한 관계를 맺고 있었습니다. 태종 때부터 사대의 원칙을 세우기는 했지만 여전히 명나라는 조선을 의심하고 있었습니다. 조선이 여진족과 손을 잡고 언제든지 명나라의 북방을 압박할 수 있다고 본 것입니다. 따라서 한자를 쓰지 않고 훈민정음을 씀으로써 명나라와 외교적 갈등을 빚는 것은 건국한 지 50년도 안 된 조선에 큰 위협이 될 수 있었습니다. 조선의 신하 된 입장에서 종묘사직이 위험에 처할 수도 있는 일을 막는 것은 당연한 도리라고 생각했습니다.

김딴지 변호사 그럼 증인은 원고의 입장이 옳았다고 보시는 겁니까?

김문 그 생각은 지금도 변함이 없습니다.

김딴지 변호사 그런데 왜 원고는 사대주의자라는 오명을 덮어쓰게 되었다고 생각하십니까?

김문 그게 답답해서 이렇게 나도 법정에 서야겠다는 용기를 냈습니다. 만일 최만리가 사대주의자라면 함께 상소문을 올린 나 역시 그렇지 않겠습니까? 그런데 보세요. 최만리를 제외하고는 다른 어느 누구도 사대주의자라고 손가락질을 받지 않습니다. 최만리로서는 억울할 수밖에 없습니다. 최만리는 너무나도 강직한 신하였습니다. 신하들 사이에서 최만리는 모범 중의 모범이었어요. 그렇다 보니 최만리는 쉽게 잊히지 않았고 두고두고 이야깃거리가 되었습니다. 최만리가 그냥 그런 신하여서 잊혀졌다면 조선이 망한 후에 우리말과

글에 대한 각성이 이루어질 때 최만리도 주목의 대상이 되지 않았겠
지요. 누가 의도했다기보다는 망국이라는 정치 상황으로 인해 최만
리가 억울하게 오명을 덮어썼다는 것이 나의 생각입니다. 나처럼 별
볼 일 없는 사람은 같은 일을 하고도 오명을 피할 수 있었고요.

김딴지 변호사　　판사님, 그리고 배심원 여러분, 증인의 말처럼 원고
는 진정으로 조선을 위하는 신하였습니다. 그가 후대에 사대주의자
라는 평가를 받은 것은 그가 너무나 뛰어난 학자이자 강직한 신하였

언문
한글을 속되게 이른 말로서 당시에 우리글을 한문에 비해서 얕보았다는 것을 알 수 있습니다.

이두
한자의 음과 뜻을 빌려서 우리말을 적은 표기법을 말합니다.

다는 점을 반증한다고 생각합니다. 이상입니다.

판사   이번에는 피고 측에서 증인을 신문하세요.

날카로운 눈빛으로 김문의 증언을 듣고 있던 이대로 변호사가 기다렸다는 듯이 신문을 시작했다.

이대로 변호사   증인, 피고인 세종 대왕은 증인에게 훈민정음 창제와 관련해 의견을 물은 적이 있었는데요. 그때 증인은 뭐라고 대답했습니까?

김문   언문을 제작하는 것이 불가능할 것은 없다고 말했습니다.

이대로 변호사   그런데 왜 증인은 이후 원고와 함께 훈민정음 창제에 반대하는 상소문을 올린 건가요? 혹시 원고와 역시 집현전 학사였던 신석조의 압력이 있었나요?

김딴지 변호사   존경하는 판사님! 지금 피고 측 변호인은 유도 신문을 하고 있습니다. 중단시켜 주십시오.

판사   받아들입니다. 피고 측 변호인은 유도 신문을 하지 마십시오.

이대로 변호사   흠. 증인에게 다시 묻겠습니다. 증인은 처음에 피고의 뜻을 지지하는 것처럼 하다가 왜 갑자기 반대로 입장을 바꾸셨습니까?

김문   전하로부터 처음 언문에 대해 이야기를 들었을 때는 훈민정음의 전반적인 내용을 잘 모르고 있었습니다. 전하께서 이두를 대체할 수 있는 문자를 만들려 하는데 어떻게 생각하느냐고 지나가듯 물으시기에 별생각 없이 "못할 이유가 있겠습니까?"라고 대답했을 뿐입니다. 그런데 전하께서 창제 사실을 공개적으로 반포하신 후에 그 내용을 상세히 들여다보니 자칫하면 큰 문제가 될 수 있겠다 싶었지요. 그래서 상관인 최만리, 신석조와 의논하면서 그냥 있어서는 안 되겠다는 쪽으로 생각을 바꾸게 된 것입니다. 누구의 압력도 없었다는 점을 여기서 분명히 밝혀 둡니다.

이대로 변호사   잘 알겠습니다. 그런데 한 가지 중요한 사실을 확인할 필요가 있습니다. 훈민정음이 큰 문제가 있다는 이야기를 증인이 먼저 했습니까? 아니면 원고와 신석조가 불러서 가 보니 그런 이야기가 있어 동조하게 된 것입니까?

김문   정확히 기억이 나지 않습니다.

이대로 변호사   말도 안 됩니다. 어떻게 그런 중대한 일에 대해서 기억을 못할 수가 있습니까?

김문   우리는 매일 머리를 맞대는 동료들입니다. 이런저런 국정 사안에 대해 순서를 가리지 않고 이야기를 나누지요. 그러니 언제 누가 가장 먼저 훈민정음 이야기를 꺼냈는지를 기억해 낸다는 것은 불가능합니다. 책임을 회피하기 위해서 이런 말씀을 드리는 것이 아니라는 점을 분명히 해 두고 싶습니다.

이대로 변호사   알겠습니다. 마지막으로 하나만 더 묻고 증인 신문을 마치겠습니다. 증인은 운학에 대해 어느 정도 공부하셨습니까?

김문   나는 사서삼경을 깊이 있게 공부했지만 운학은 초심자 수준에 불과합니다.

이대로 변호사　판사님, 그리고 배심원 여러분, 방금 들으신 것처럼 증인은 운학, 즉 한자의 발음에 대한 학문을 잘 모르고 있었습니다. 그런 증인이 훈민정음 창제의 중요성에 대해 얼마나 이해할 수 있었을까요? 이상으로 증인 신문을 마치겠습니다.

판사　증인은 돌아가도 좋습니다. 양측 변호인 모두 수고하셨습니다. 시간이 많이 흘러서 첫 번째 재판은 이만 마치는 것이 좋겠군요. 오늘 재판에서는 사대주의자라고 불리는 원고 최만리가 과연 어떤 사람이었는지를 살펴보고, 원고가 반대했던 훈민정음 창제를 둘러싼 양측의 의견을 들어 보았습니다. 한국 사람이라면 피고인 세종 대왕에 대해서 모르는 이가 없을 정도이지만, 상대적으로 원고에 대해서는 제대로 아는 이가 적은 것이 사실입니다. 이는 소송에 대한 이해도를 떨어뜨려서 편견을 갖게 하는 요소였다고 볼 수 있습니다. 하지만 이번 재판을 통해서 원고에 대한 소개가 적절히 이루어졌고, 훈민정음에 대해 반대했던 무리가 꽤 있었다는 사실도 새롭게 알게 되었습니다.

이런 점을 감안할 때, 이번 재판이 소송 전반에 대한 기본적인 토대를 마련해 준 것 같습니다. 다음 재판에서는 원고가 올린 상소문에 대해 본격적으로 알아보기로 하고, 오늘은 여기서 마치겠습니다.

땅, 땅, 땅!

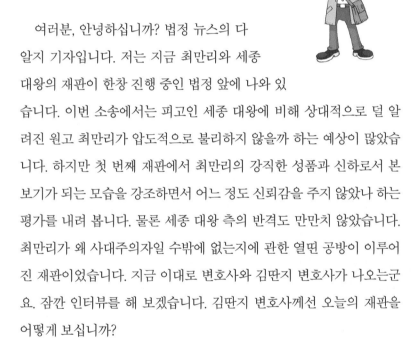

다알지 기자

여러분, 안녕하십니까? 법정 뉴스의 다
알지 기자입니다. 저는 지금 최만리와 세종
대왕의 재판이 한창 진행 중인 법정 앞에 나와 있
습니다. 이번 소송에서는 피고인 세종 대왕에 비해 상대적으로 덜 알
려진 원고 최만리가 압도적으로 불리하지 않을까 하는 예상이 많았습
니다. 하지만 첫 번째 재판에서 최만리의 강직한 성품과 신하로서 본
보기가 되는 모습을 강조하면서 어느 정도 신뢰감을 주지 않았나 하는
평가를 내려 봅니다. 물론 세종 대왕 측의 반격도 만만치 않았습니다.
최만리가 왜 사대주의자일 수밖에 없는지에 관한 열띤 공방이 이루어
진 재판이었습니다. 지금 이대로 변호사와 김딴지 변호사가 나오는군
요. 잠깐 인터뷰를 해 보겠습니다. 김딴지 변호사께선 오늘의 재판을
어떻게 보십니까?

김딴지 변호사

오늘 재판을 통해서 원고 최만리가 얼마나 훌륭한 조선의 학자이며 신하였는지 정확히 밝힐 수 있었다고 생각합니다. 사대주의자라는 부정적인 이미지 때문에 그의 뛰어난 능력과 성품이 제대로 알려지지 않았던 점이 가장 마음에 걸렸었는데 이제는 조금 후련합니다. 최만리에게 죄가 있다면 왕의 잘못된 선택에 대해 목숨을 걸고 바른말을 할 정도로 나라를 사랑했다는 것밖에는 없습니다. 이런 최만리를 사대주의자라고 몰아세워서 명예를 훼손한 것은 지탄받아 마땅합니다. 다음 재판에서는 최만리의 상소문을 통해서 훈민정음을 만드는 것이 얼마나 많은 문제를 가져올 수 있었는지 조목조목 따져 보겠습니다.

왜 세종 대왕은 훈민정음을 만들었을까?

이대로 변호사

김딴지 변호사의 주장에 전적으로 반대하는 바
입니다. 성품이 강직하고 능력 있는 관리였다고 해서
사대주의자가 아니라는 생각은 전혀 논리적이지 않습니다. 사대주의
는 하나의 신념이며 태도이기 때문에 청백리에 오를 정도로 훌륭한 관
리였다고 해도 당시의 상황으로 보아 얼마든지 사대주의를 신봉할 가
능성이 있었습니다. 그의 상소문이 그것을 잘 보여 주고 있지요. 다음
재판에서 그가 얼마나 잘못된 주장을 하고 있는지 낱낱이 밝혀내도록
하겠습니다. 감사합니다.

훈민정음 창제를 반대한 상소문은 어떤 내용을 담고 있을까?

1. 조선은 명나라와 어떤 관계였을까?
2. 새로운 문자의 사용은 어떤 문제를 가져올 수 있었을까?
3. 훈민정음 창제를 추진한 것은 과연 옳았을까?

1

조선은 명나라와
어떤 관계였을까?

판사   원고 최만리와 피고 세종 대왕의 두 번째 재판을 시작하겠습니다. 오늘 재판에서는 원고가 올린 상소문의 내용을 꼼꼼히 살펴보겠습니다. 양측 변호인, 이에 동의합니까?

양측 변호사   네, 동의합니다.

이대로 변호사   아마도 상소문의 내용을 보시면 판사님께서도 원고의 소송 제기가 얼마나 터무니없는 일인지 아실 것입니다. 상소문은 모두 여섯 항목으로 되어 있는데 이제부터 하나씩 보기로 하겠습니다.

우리 조선은 조종(祖宗) 때부터 지성스럽게 대국(大國)을 섬기어 한결같이 중화(中華)의 제도를 준행하여 왔습니다. (……) 만일 중

국에라도 흘러 들어가서 혹시라도 비난하여 말하는 자가 있사오면, 어찌 대국을 섬기고 중화를 사모하는 데에 부끄러움이 없사오리까.

자, 이건 누가 봐도 사대주의라고 비판하지 않겠습니까? 스스로 문자 만드는 일을 수치로 생각하고, 중국의 문자를 그대로 쓰는 것만이 대국을 섬기는 일이라고 말하고

조종
왕의 조상을 뜻합니다.

대국
강한 힘을 가진 국가나 국토가 넓은 나라를 말하며, 조선 시대에는 중국을 이르는 말이기도 했습니다.

준행
이전의 사례나 명령 등을 그대로 좇아서 행하는 것이지요.

사대
약자가 강자를 섬기는 것입니다.

모화
중국의 문물이나 정신을 우러러
보고 따르고자 하는 것입니다.

있지 않습니까? 사대(事大)와 모화(慕華)의 극치라 할 수 있습니다.

　　이대로 변호사가 상소문을 들어 보이며 강경한 표정으로 주장하자, 이를 듣고 있던 김딴지 변호사가 황당하다는 듯이 입을 열었다.

김딴지 변호사　　정말 이런 이야기까지는 하지 않으려고 했는데요. 당시 명나라에 대한 사대와 모화의 전통은 최만리가 새롭게 주장한 것이 아니라 조선이라는 나라가 세워지는 과정에서 태조 이성계가 원나라와의 관계를 끊고 친명 노선을 천명하면서 생겨난 것입니다. 명나라가 조선에게 사대할 것을 강요한 것이 아니라 조선이 스스로 그 밑으로 들어갔습니다. 그것이 대국과의 관계에서 조선의 국익에 도움이 된다고 보았던 것이지요.

　　사대의 문제도 마찬가지입니다. 조선이 명나라를 공식적으로 사대하게 된 것은 세종의 부친인 태종 때부터입니다. 국제 정세에 밝았던 태종은 명나라의 3대 황제인 영락제가 영토적 야심이 큰 인물이라는 것을 일찍 간파하고 명나라에 사대를 했을 뿐만 아니라 우리의 관제까지 다 낮췄습니다. 그뿐입니까? 그냥 사대도 아니고 명나라에 대해서는 지성 사대를 해야 한다고 공식적으로 천명한 분도 있습니다.

　　김딴지 변호사의 갑작스런 발언에 갑자기 여기저기서 웅성거리는 소리가 들리기 시작했다.

　　"그런 사람이 있었어?"

　　"지성 사대라면 지극히 정성을 들여서 사대하는 것인데, 대체 누굴까?"

　　김딴지 변호사는 세종 대왕 쪽으로 시선을 돌리며 말을 이었다.

김딴지 변호사　　바로 피고인 세종 대왕입니다. 지난 재판에서도 잠깐 언급했지요.

김딴지 변호사가 세종 대왕을 지목하자 방청석에 있는 사람들이 일제히 놀란 표정으로 세종 대왕을 바라보았다. 하지만 세종 대왕은 지그시 눈을 감은 채 근엄한 표정을 잃지 않았다. 의기양양해진 김딴지 변호사는 좀 더 큰 목소리로 변론하기 시작했다.

김딴지 변호사   원고는 피고의 이런 정신에 입각해 훈민정음 창제가 가져올 수 있는 위험성을 지적한 것입니다. 상소문 첫머리에 있는 "지성스럽게 대국을 섬기어 한결같이 중화의 제도를 준행하여 왔습니다"라는 말은 최만리 개인의 주장이 아니라 조선의 국가 정책이 그렇다는 것을 밝힌 것에 불과합니다.

그리고 이러한 명나라와의 관계를 감안했을 때 훈민정음을 만드는 일이 과연 조선에 이득이 되었을까요? 당시의 상황에서 만에 하나 그 문제로 명나라와 갈등을 빚고 불신의 골이 깊어졌다면, 건국한 지 50년도 채 안 된 조선의 운명은 어떻게 되었을까요?

판사   그럼 훈민정음 때문에 나라가 심각한 위기에 처할 수도 있었다는 이야기인가요?

김딴지 변호사   물론입니다. 혹시 여러분은 조선이 명나라로부터 정식 국가로 인정받은 것이 언제인지 아시나요?

"당연히 태조 이성계 때 아닌가요?"

방청석에 있던 한 학생이 큰 소리로 대답하자 사람들이 고개를 끄덕이며 김딴지 변호사를 쳐다보았다.

김딴지 변호사　아닙니다. 조선은 태종 대에 와서야 정식 책봉을 받고 명나라와 사대 관계를 맺었습니다. 그 전에는 명나라는 조선을 여전히 '고려'로 불렀습니다. 그래서 태조 이성계의 국제적인 공식 명칭도 '권지고려국사'였어요. 여기서 권지란 임시라는 뜻으로, 태조가 고려의 임시 국왕 정도로 취급되었다는 것을 알 수 있습니다.

이대로 변호사　판사님, 지금 원고 측 변호인은 본질에서 벗어난 이야기로 논지를 흐리고 있습니다.

김딴지 변호사　그렇지 않습니다. 지금부터 잘 들어 주시기 바랍니다. 조선은 건국 이후 명나라에 외교 문서를 보냈는데, 명나라는 이 문서 중 사소한 낱말 하나를 꼬투리 잡았어요. ▶결국 태조 집권기 내내 조선은 명나라의 위협에 시달려야 했습니다. 그것은 현실적으로 중대한 위협이었지요. 아마도 정도전이 제기한 명나라 정벌론 이야기는 다들 아실 것입니다. 바로 이 명나라의 위협에 대항해 정도전을 비롯한 일부 사람들이 전쟁론을 내세웠던 것입니다. 이후 태종 이방원이 정도전을 제압하고 명나라를 무마하고 나서야 겨우 책봉을 받고 국가적 안정을 기할 수 있었습니다.

판사　잘 알겠습니다. 지금부터는 피고 측 변호인의 변론을 들어 봅시다.

이대로 변호사　원고 측 변호인의 말대로 태종이 사대를 천명했고, 세종 대왕도 지성 사대를 천명한 것은 사실입니다. 그러나 그것은 당시의 주변 정세 때문이었습니다. 영락제가 통치하던 명나라는 전성기를 누리고 있었는데, 원

교과서에는

▶ 태조 때에 정도전이 중심이 되어 추진한 요동 정벌 준비로 인해 명나라와의 관계가 불편해지기도 했습니다. 하지만 태종 이후 양국 간의 관계가 좋아지면서 문화 교류가 활발해졌지요.

고 측 변호인 말대로 조선과는 사이가 좋지 않았습니다. 건국 초창기에 자칫 강대국과 충돌할 경우 우리 백성들이 말할 수 없는 고통을 당할 수 있기 때문에 이를 사전에 피하기 위해 예방적인 차원에서 그와 같은 외교 노선을 정할 수밖에 없었지요.

판사 그렇다면 원고 측의 주장을 인정하시는 겁니까?

이대로 변호사 그건 절대 아닙니다. 어쩔 수 없이 선택한 외교적 노선 때문에 우리의 혼까지 명나라의 것이 될 수는 없는 것 아닙니까? 명나라 사신들이 조선을 방문해 횡포를 부린 것은 사실이지만 그렇다고 조선이 명나라의 식민지라고 할 수는 없습니다. 조선은 명나라를 사대하기는 했지만 엄연한 독립 국가였지요. 물론 두 나라 사이에는 보이지 않는 긴장감이 늘 존재했고요.

판사 그렇다면 세종 대왕은 명나라에 대해 어떤 감정을 가지고 있었나요?

이대로 변호사 세종 대왕이 외교적으로는 지성 사대를 말했지만 사실 명나라에 대한 강한 거부감을 가지고 있었습니다. 한 나라의 지존이라면 당연히 그래야겠지요. 그래서 명나라 사신이 조선에 와서 횡포를 부리면 명나라 황제에게 그와 같은 사실을 알리겠다고 협박하기도 했습니다. 역사를 잘 아는 원고 측 변호인도 이런 사실은 잘 알고 있겠지요. 그런데 지금 원고 측 변호인은 마치 조선에 파견된 명나라 관리와 같은 주장을 펴고 있습니다.

김딴지 변호사 존경하는 판사님! 지금 피고 측 변호인은 인신공격

구주
줄국 고대에 전국을 나눈 9개의
주로, 중국 전역을 이릅니다.

기자
중국 은나라가 망한 후 고조선에
망명하여 기자 조선을 세웠다는
전설상의 시조입니다.

이적
오랑캐라는 뜻입니다.

흠절
부족하거나 잘못된 점을 말합니다.

을 하고 있습니다.

판사　피고 측 변호인은 인신공격을 삼가 주십시오. 양 측의 이야기는 잘 들었습니다. 조선과 명나라의 관계가 당시에 어떠했는지 잘 알 수 있었습니다. 그럼 상소문의 다음 내용으로 넘어가겠습니다.

　김딴지 변호사가 상소문 가운데 새로운 내용을 읽어 내려가자 모두가 눈을 크게 뜨고 집중했다.

김딴지 변호사　당시 원고는 상소문에서 두 번째로 다음과 같은 논지를 전개했습니다.

　예로부터 구주(九州) 안의 풍토는 비록 다르오나 (……) 역대로 중국에서 모두 우리나라는 기자가 남긴 풍속이 있다 하고, 문물과 예악을 중화에 견주어 말하기도 하는데, 이제 따로 언문을 만드는 것은 중국을 버리고 스스로 이적과 같아지려는 것이니 어찌 문명의 큰 흠절이 아니오리까.

　이 상소문을 보면 원고는 중국의 속국이 되자고 주장한 것이 아니라 중국이 이룩한 앞선 문명을 우리의 표준으로 삼고자 했음을 알 수 있습니다. 사실 문명 수준이 높으면 그 나라가 큰 나라건 작은 나라건 보고 배워야지요. 사대주의란 큰 힘에 무조건 기대는 것을 말하는 것이지, 원고의 주장과 같이 앞선 문명을 보고 배우자는 자세를 말하는 것은 아닙니다.

고려 시대를 한번 보시지요. 당시 고려는 거란의 압도적 영향 아래 있으면서도 끊임없이 송나라와 교류를 시도했지요. 조선 시대에는 육로로 갈 수 있었지만, 고려 때는 거란에 의해 육로가 차단되어 목숨을 걸고 서해 바다를 건너야 했습니다. 왜 그랬을까요? 송나라의 뛰어난 문물 때문이었습니다. 그런 고려 사람들의 노력을 사대주의라고 욕할 수 있습니까?

이대로 변호사　지금 원고 측 변호인은 훈민정음 창제의 목적에 대해 아주 큰 오해를 하고 있습니다. 만일 세종 대왕이 훈민정음으로 한문을 대체하려 했다면 원고의 주장이 어느 정도 설득력을 갖겠지만, 세종 대왕은 그 어디에서도 한문을 폐기하고 오로지 훈민정음을 써야 한다고 말하지 않았습니다. 그리고 원고 측의 주장대로라면 우리말도 쓸 필요가 없지요. 중국 말을 쓰면 됩니다. 형식적인 사대가 아니라 중국에 복속되기를 자처하면 되겠군요.

판사　피고 측 변호인은 감정적인 발언을 삼가 주세요.

이대로 변호사　알겠습니다. 뒤에 가서 훈민정음을 만든 이유에 대해 자세하게 살펴보겠지만, 세종 대왕이 훈민정음을 만든 이유는 무지한 백성들이 글을 몰라 관청에서 억울한 일을 당하지 않도록 하기 위함이었습니다. 현실적으로 한문은 어려워서 소수의 양반층 말고는 제대로 쓸 수가 없었지요. 이 점은 원고 측 변호인도 인정하시겠지요?

이대로 변호사의 질문을 들은 방청객들이 수군거리기 시작했다.

"당연히 인정해야지, 이것도 부정할 셈인가?"

"조용히 해 봐. 한번 잘 들어 보자고."

차마 부정할 수 없었던 김딴지 변호사는 이대로 변호사를 향해 고개만 살짝 끄덕이며 수긍한다는 뜻을 전했다.

이대로 변호사   상식적으로 생각해 보아도 한 줌도 안 되는 양반들만 문자 생활을 해야 하는 것은 아닙니다. 한낱 아녀자라도 혼인을 하여 친정에서 떨어져 살게 되면 부모 형제가 그리울 것입니다. 그러면 편지라도 써야 하는데 글을 알아야 쓰지요. 사람들 간에, 그것도 부모 형제 간에 서로 소식도 전하지 못하는 사회라면, 백성들로선 참으로 말할 수 없이 쓰라린 고통을 안고 살아야겠지요. 피고는 왕으로서 이러한 백성들의 상황을 안타깝게 생각하는 마음에서 훈민정음 창제에 나섰는데, 원고는 가까이에서 보필한다는 신하로서 어찌 왕의 그런 마음도 제대로 살피지 못할 수가 있습니까?

김딴지 변호사   독자적인 문자를 갖는 것과 최고 수준의 문명을 갖는 것은 어찌 보면 수단과 목적의 관계라고 할 수 있습니다. 문자는 결국 수단이지 목적이 될 수 없습니다. 독자적인 문자를 가진 나라가 모두 최고의 문명을 누린다고 할 수 있습니까? 오히려 최고 수준의 문명을 갖출 때 그 나라는 부강해지고 문명국의 영예도 누릴 수 있습니다. 당시 조선과 가까이 있던 나라들 중에서 최고의 문명을 갖춘 나라는 명나라였습니다. 명나라의 문자인 한문을 써서 우리가

왜 세종 대왕은 훈민정음을 만들었을까?

얻은 이익은 이루 말할 수가 없습니다. 그런 이익을 왜 스스로 포기한다는 말입니까? 그 이익의 크기에다 우리글을 만드는 것의 위험성까지 더해 생각해 본 적이 있습니까?

이대로 변호사   다시 말하지만 피고 측 주장이 성립되려면 피고가 훈민정음으로 한문을 대체하려 했어야 합니다. 그러나 훈민정음은 한문을 접할 수 없던 일반 백성을 위한 문자였습니다. 거기에 수단과 목적 운운하는 것은 논점을 흐릴 뿐입니다.

판사 　알겠습니다. 양측 다 충분히 입장을 전한 것 같으니 이의 없으시면 다음 주제로 넘어가겠습니다.

왜 세종 대왕은 훈민정음을 만들었을까?

새로운 문자의 사용은
어떤 문제를 가져올 수 있었을까?

2

이대로 변호사　　제가 먼저 발언하겠습니다. 원고의 상소문 중에서 세 번째에 해당하는 이 부분을 자세히 읽어 보면 지금까지 원고 측에서 주장했던 문명과 야만의 이분법이 얼마나 허구인지 저절로 알 수 있을 것입니다.

신라 설총의 이두는 비록 야비한 이언이오나 (……) '언문을 시행하여 임시방편을 하는 것보다는 차라리 더디고 느릴지라도 중국에서 통용하는 문자를 습득하여 길고 오랜 계책을 삼는 것만 같지 못하다'고 할 것입니다. (……) 진실로 관리 된 자가 언문을 배워 통달한다면, 후진이 모두 이러한 것을 보고 생각하기를 스물일곱 자의 언문으로도 족히 세상에 입신할 수 있다고 할 것이오니,

교과서에는

▶ 우리나라는 삼국 시대부
터 한자를 통해 우리말을 써
왔고, 뒤이어 한자의 뜻과 소
리를 빌려서 우리말을 쉽게
쓸 수 있도록 하는 향찰이나
이두를 만들어서 함께 사용
하기도 했습니다.

무엇 때문에 고심 노사하여 성리(性理)의 학문을 궁리하려
하겠습니까.

이대로 변호사 ▶판사님, 먼저 첫 줄에서 원고 최만리가
이두에 대해 내린 평가를 보십시오. 이두를 야비한 문자라
고 낮추고 있으며, 훈민정음이라는 명칭 대신 언문이라고
부르고 있습니다. 언문이란 좋게 보면 '토박이 말'이라고
할 수도 있겠지만 사실은 비하하는 뜻이 담겨 있지요. 게
다가 스물일곱 자의 문자로도 족히 입신할 수 있는 세상이
라면 좋은 세상 아닌가요? 성리학을 공부해야만 출세하는
세상이 잘못된 세상이 아닙니까? 문명의 표준은 다양한
것인데 원고는 어째서 중국의 사상과 글자만을 좋은 것으
로 주장하는지 모르겠군요.

판사 그렇군요. 그럼 원고 측 변호인은 이 주장에 동의
하십니까?

김딴지 변호사 물론 동의할 수 없습니다. 피고 측 변호인
은 상소문의 본래 취지를 교묘하게 바꾸고 있습니다. 원고
는 일단 주어진 상황을 받아들이자는 것입니다. 우리는 옛
날부터 한자를 변형해서 이두라는 것을 만들어 사용해 왔
습니다. 이두를 사용하면 한문을 읽고 쓰는 데 그다지 불
편함이 없습니다. 게다가 이두를 익히면 자연스럽게 한문
도 쉽게 익히게 됩니다. 원고는 상소문에서 그 점을 강조

한 것입니다. 그리고 원고의 이런 생각은 예나 지금이나 지극히 자연스럽고 상식적인 것입니다.

그런데 이런 이두마저 버리고 완전히 새로운 문자를 사용한다면 장차 예상되는 혼란이 참으로 우려스러웠겠지요. 원고는 만약에 우리가 야만 수준의 문자를 사용하는 민족이었다면 훈민정음을 쓰는 것도 무방하다고 했습니다. 그러나 우리는 이미 현실적으로 우수한 한자를 쓰고 있는데 굳이 그보다 훨씬 못한 문자를 억지로 만들어 쓰는 게 올바른 길이겠느냐는 거였지요.

판사　흠. 그렇다면 이 부분은 피고인 세종 대왕께서 직접 진술해 주시기를 부탁드립니다.

"옳소! 드디어 세종 대왕께서 직접 나서시는군."
"존경하는 세종 대왕의 말씀을 이렇게 직접 듣게 되다니, 가문의 영광이야."
지금껏 근엄한 표정으로 재판을 지켜보던 세종 대왕이 자리에서 일어나자 잠시 술렁이던 법정도 순식간에 고요해졌다.

세종 대왕　흠흠. 오랜만에 여러 사람들 앞에 서 보는구료. 이두에 대한 이야기가 나왔으니 한마디 하겠소. 이두도 음이 중국어와는 다르지요. 그리고 설총이 이두를 만든 이유가 백성을 편리하게 하려 함이었다는 것은 잘 아실 테지요. 내가 만든 훈민정음 또한 백성을 위하는 나의 마음이 담긴 것이었소. 최만리 무리는 이두는 인정하면서 어찌 훈민정음만 문제가 있다고 하는 것인지 직접 묻고 싶소이다.

세종 대왕의 갑작스런 질문에 최만리는 잠깐 당황하는 기색을 보이더니 이내 표정을 바꾸고 또박또박 대답했다.

최만리　저는 설총은 옳고 전하는 그르다고 한 적이 없습니다. 다만 어느 쪽이 나라와 백성에게 도움이 될 것인지 생각하여 그런 상소문을 올린 것입니다. 분명한 실익이 보장되지도 않는데 굳이 독자

적인 문자를 만들어서 명나라와의 관계에 틈이 생긴다면
그 피해는 고스란히 백성들의 몫이니까요.

이사
관의 업무를 뜻합니다.

판사   명나라와의 관계는 이미 살펴본 바가 있고 세종
대왕의 훈민정음 창제 목적에 대해서는 다음 재판에서 더 자세히 알
아볼 예정이니, 문제가 없다면 원고 측 변호인이 다음 주제를 설명
하는 것이 좋겠습니다.

김딴지 변호사   알겠습니다. 그러면 이번에는 훈민정음을 만들어
독자적인 문자 생활을 할 경우 그동안 어렵사리 구축해 놓은 우리의
우수한 문명이 어떻게 파괴될지 상세하게 진술한 상소문의 네 번째
항목을 보겠습니다.

언문을 사용하게 되면 수십 년 후에는 문자(한문)를 아는 자가 반
드시 적어져서, 비록 언문으로써 능히 이사(吏事)를 집행한다 할지
라도 성현의 문자를 알지 못하고 배우지 않아서 담을 대하는 것처
럼 사리의 옳고 그름에 어두울 것이오니, 언문에만 능숙한들 장차
무엇에 쓸 것이옵니까. (……) 옛것을 싫어하고 새것을 좋아하는
것은 고금을 통한 우환이온데, 이번의 언문은 새롭고 기이한 한
가지 기예에 지나지 못한 것으로서, 학문에 방해됨이 있고 정치에
유익함이 없으므로 아무리 되풀이하여 생각하여도 그 옳은 것을
볼 수 없사옵니다.

여기서 보듯 원고는 한문이 그저 큰 나라의 것이므로 무작정 옳다

고 주장한 것이 아닙니다. 학문적으로 보거나 정치적으로 볼 때 우리나라를 얼마나 문명적으로 만들 수 있느냐에 따라서 필요하다면 한문을 받아들여서 도를 진작해야 한다고 밝히고 있습니다. 본 변호인은 그런 점에서 최만리야말로 나라를 진정 사랑했던 사람이라고 강력하게 주장합니다.

판사 상소문에서는 훈민정음이 새로운 기예에 지나지 않는다고 했는데, 이 부분에 대해서 피고 세종 대왕의 이야기를 직접 듣도록 하겠습니다.

세종 대왕은 기다렸다는 듯이 일어나서 주위를 둘러본 뒤 입을 열었다. 법정을 쩌렁쩌렁 울리는 호쾌한 목소리에 모두들 숨죽인 채 세종 대왕을 올려다보았다.

세종 대왕 훈민정음의 창제가 그저 새로운 기예라니 참으로 가당치 않습니다. 게다가 나야말로 옛것을 좋아하고 새것을 꺼렸습니다. ▶음악을 정비할 때도 주나라의 음악에 의거해서 우리 음악을 가다듬었고, 우리 역사를 정리할 때도 중국의 최고 사서 『자치통감』에 의거해 『고려사』와 『고려사절요』를 편찬토록 했어요.

판사 그렇군요. 그것이 바로 온고지신(溫故知新)의 정신이겠지요?

세종 대왕 맞습니다. 과연 최만리를 비롯해 훈민정음을

왜 세종 대왕은 훈민정음을 만들었을까?

비방하는 상소문을 올린 자들이 중국의 음운학을 아는지 묻고 싶습니다. 여기서 말하는 것이 적합하지는 않지만, 내가 훈민정음을 만들 때는 중국의 각종 언어학을 빠짐없이 참고하였다는 점을 말씀드립니다.

이대로 변호사　백번 양보해 원고 측 주장대로 중국의 표준을 따른다 하더라도 우리와 중국은 다릅니다. 말도 다르고 살아온 역사도 다릅니다. 그렇다면 그것을 우리에 맞게 조정하는 것이 올바른 태도일 것입니다. 그런데 원고 최만리는 한 자라도 수정하면 중국에 죄를 짓는 것이라고 피고를 몰아세우며 희롱하기까지 했어요!

김딴지 변호사　피고 측은 논점을 흐리고 있습니다. 그리고 조금 전에 피고 측 변호인은 아주 중요한 말을 했습니다. 피고 측은 조선이 중국의 표준을 따른다 하더라도 조선과 중국은 다르므로 중국의 것을 조선에 맞게 조정해야 한다고 말했습니다. 바로 그것입니다. 원고가 이두를 언급했던 것도 바로 우리의 실정에 맞는 언어가 이미 있다는 점을 강조한 것입니다. 만일 훈민정음이 이두처럼 한문 사이사이에 들어가 한문을 읽기 편하도록 하는 정도의 기능만 했다면 원고도 그처럼 강하게 반대하지 않았을 것입니다. 그런데 훈민정음은 한문까지 다 대체하려는 목적을 가지고 있었습니다. 그러니 당연히 반대를 할 수밖에요.

　언어의 사용에 관하여 양측의 공방이 치열해지자 법정 안이 술렁거리기 시작했다.

"이번 재판은 양측의 논리가 아주 팽팽한 것 같아."

"다음 상소문에는 어떤 이야기가 있는지 빨리 듣고 싶군."

방청석이 점점 소란스러워지자 판사는 김딴지 변호사에게 바로 다음 주제를 소개하라고 지시하였다.

왜 세종 대왕은 훈민정음을 만들었을까?

3

훈민정음 창제를 추진한 것은
과연 옳았을까?

김딴지 변호사　피고의 논리가 틀렸다는 것을 보여 주는 중요한 대
목이니 모두들 집중하시기 바랍니다. 당시의 글이라 조금 어렵더라도
끝까지 들으시면 충분히 이해가 가실 겁니다. 시작하겠습니다.

　　언문을 창제한 후 말씀하시기를, "사형에 해당하는 옥사 같
　은 것을 이두 문자로 쓴다면 문리를 알지 못하는 어리석은 백성
　이 한 글자의 착오로 혹 원통함을 당할 수도 있겠으나, 이제 언문
　으로 그 말을 직접 써서 읽어 듣게 하면 비록 지극히 어리석은 사
　람일지라도 모두 다 쉽게 알아들어서 억울함을 품을 자가 없을 것
　이다"라고 했습니다. 그러나 예로부터 중국은 말과 글이 같아도
　옥송 사이에 원왕한 것이 심히 많습니다. 가령 우리나라로 말하더

옥사
재판의 판결서를 뜻합니다.

옥송
형사상의 소송을 말합니다.

원왕
억울하게 잘못됨을 말합니다.

초사
범죄 조서를 뜻합니다.

형옥
예전에 형벌과 감옥을 아울러 이르던 말입니다.

옥리
형벌에 관한 일을 심리하던 벼슬아치입니다.

라도 옥에 갇혀 있는 죄수로서 이두를 해득하는 자가 친히 초사를 읽고서 허위인 줄을 알면서도 매를 견디지 못하여 그릇 항복하는 자가 많사오니, 이는 초사의 글 뜻을 알지 못하여 원통함을 당하는 것이 아님이 명백합니다. 만일 그러하오면 비록 언문을 쓴다 할지라도 무엇이 이보다 다르오리까. 이것은 형옥의 공평하고 공평하지 못함이 옥리의 어떠하냐에 있고 말과 문자의 같고 같지 않음에 있지 않은 것을 알 수 있으니, 언문으로써 옥사를 공평하게 한다는 것에 신 등은 그 옳은 줄을 알 수 없사옵니다.

　　문제의 핵심을 찌르는 상소문입니다. 훈민정음이 생기면 백성들의 억울함이 없어진다는 말은 얼핏 보면 그럴듯합니다. 만약 말과 글이 같은 중국에서 백성들의 억울함이 완전히 사라졌다면 훈민정음이 꼭 필요하다고 볼 수 있겠지요. 하지만 백성들의 억울한 사연은 여전히 있기 마련이지요.

판사　　피고 측 변호인은 이에 대해 어떻게 생각하십니까?

이대로 변호사　　지금 원고 측 변호인은 초점을 벗어난 주장을 펼치고 있습니다. 세종 대왕은 죄를 지은 백성이 사형을 당하더라도 적어도 자신이 무슨 죄목으로 세상을 떠나게 되는 것인지는 알 수 있어야 한다는 뜻입니다. 물론 신분이 다르다고 하지만 다 귀한 목숨이요, 생명은 소중한 것이니까요. 그 귀한 생명을 잃게 되었는데 글을 모른다는 이유로 자신의 죄목도 제대로 알지 못한다면 너무 부당

한 것 아닙니까?

김딴지 변호사   정말 그런 목적 때문이라면 사형 선고를 할 때 우리 말로 죄목을 풀어 설명하는 제도를 만들면 됩니다. 그런데 어찌 훈민정음을 만들어 온 세상을 들쑤셔 놓는다는 말입니까?

세종 대왕   내가 직접 말하지요. 그건 잘못된 생각입니다. 나는 백성이 훈민정음을 배워 국가의 법을 알고 있다면 애초에 죄를 짓지 않을 것이라고 생각했어요. 이게 바로 나의 깊은 뜻이었지요. 사형을 당하는 백성이 자신의 죄목을 알도록 하자는 것은 이런 큰 구상 중의 하나일 뿐입니다.

판사 　백성들이 글자를 읽고 법을 알게 되면 더 나은 삶을 살 수 있을 것이라고 보셨군요.

세종 대왕 　그렇습니다.

김딴지 변호사 　자, 이제 우리는 전혀 다른 쟁점을 다루게 되었습니다. 백성이 문자를 아는 것이 범죄를 줄이는 데 도움을 주느냐 그렇지 않으냐가 쟁점의 핵심이 된 것입니다. 좋습니다. 이 쟁점은 좀 더 상세하게 파고들 필요가 있습니다. 그 어느 쪽으로 결론이 나더라도 원고에게 사대주의자라는 불명예를 안겨 준 훈민정음 비판 상소문에 대한 오해를 푸는 데에는 도움이 될 것이기 때문입니다.

이대로 변호사 　그렇지 않습니다. 이 쟁점은 궁극적으로 왜 원고가 사대주의자라는 비판을 받게 되었는지 그 정당한 이유를 밝혀 줄 것입니다.

판사 　잠깐만요. 지금 그 문제를 너무 깊게 다루게 되면 상소문과 관련한 재판의 전반적인 흐름을 놓칠 우려가 있습니다. 그 문제가 명예 훼손과 직접 관련이 될지 아닐지는 논의를 해 봐야 하기 때문에 뒤로 미뤄 두는 게 어떨까 합니다. 양측이 동의하면 먼저 상소문의 다음 주제로 넘어갈까 하는데요.

양측 변호사 　그렇게 하겠습니다.

판사 　그럼 그 이야기는 여기서 마무리하는 것으로 하고, 훈민정음 창제 과정에서 신하들이 반발할 수밖에 없었던 정치적인 이유에 대해서 살펴보도록 합시다.

김딴지 변호사　　　네. 조금 아쉽긴 하지만 앞으로 다뤄야 할 문제들이 많기 때문에 판사님의 의견에 따르겠습니다. 마지막 상소문을 보시지요.

> 무릇 중대한 일을 추진할 때는 가깝고 빠른 것을 귀하게 여기지 않사온데, 국가가 근래에 조치하는 것이 모두 빨리 이루는 것을 힘쓰니, 두렵건대, 정치하는 체제가 아닌가 하옵니다. (……) 중국 제왕에 그 내용을 알려 큰 원칙에 어그러지지 않고, 중국에 부끄러움이 없으며, 백세라도 성인을 기다려 의혹됨이 없는 연후라야 (……) 이제 넓게 여러 사람의 의논을 채택하지도 않고 갑자기 관리 10여 인으로 하여금 가르쳐 익히게 하며, 또 가볍게 옛사람이 이미 이룩한 운서를 고치고 근거 없는 언문을 억지로 덧붙여 인쇄공 수십 인을 모아 각본하여서 급하게 널리 반포하려 하시니, 천하 후세의 공의에 어떠하겠습니까?

여기서 우리는 원고의 나라와 왕을 생각하는 충성심을 엿볼 수 있습니다. 훈민정음을 창제하여 반포하는 것은 나라의 중대사입니다. 그렇다면 당연히 원고의 말대로 재상부터 백료들까지 충분히 의견을 내도록 한 다음에 의견 일치를 이루어 단계별로 진행하면 되었을 것입니다. 사실 원고가 훈민정음에 대해 조금 과격할 정도로 반박하

운서
한자의 운을 분류하여 일정한 순서로 배열한 서적을 통틀어 이르는 말입니다.

각본
목판으로 인쇄한 책을 뜻합니다.

공의
여럿이 의논함, 또는 그런 의논을 의미합니다.

재상
과거에 왕을 보호하고 모든 관리를 감독했던 최고 관직자를 말합니다.

백료
관직에 있는 모든 신하들을 말합니다.

게 된 것은 피고가 너무 서둘러 훈민정음 창제를 추진했기 때문이기도 합니다. 피고가 스스로 당당하다면 왜 조정 대신들을 피해 몇몇 하급 관리 중심으로 일을 추진한 것일까요? 게다가 훗날 훈민정음이 제대로 시행되기 위해서라도 조정 대신과 관리들의 동의부터 얻어야 하는 것 아닙니까?

이대로 변호사   그렇지 않습니다. 원고는 "중국 제왕에 그 내용을 알려 큰 원칙에 어그러지지 않고 중국에 부끄러움이 없어야 한다"고 말하고 있습니다. 문자를 완전히 바꾸는 것이 아니라 이두의 기능을 대신할 우리 문자를 만들었다고 해서 중국에 알려야 합니까? 이 대목이야말로 원고가 전형적인 사대주의자라는 증거입니다. 피고가 지성 사대를 내세운 것이 말 그대로 국가를 보존하기 위한 연출이었다면, 원고 최만리야말로 뼛속까지 사대주의자이지요.

김딴지 변호사   판사님, 지금 피고 측 변호인은 문맥을 왜곡하고 있습니다. 원고가 중국 제왕을 언급한 것은 훈민정음 창제를 당당하게 온 세상에 알리자는 비유적 표현이지 실제로 중국 제왕에게 물어봐야 한다는 뜻은 아닙니다. 바로 뒤에 '백세라도 성인을 기다려'라는 구절을 참고하시면 분명히 아실 수 있을 것입니다.

판사   원고 측 지적을 받아들이겠습니다. 피고 측 변호인은 문제의 핵심을 중심으로 논지를 전개해 주기 바랍니다.

이대로 변호사   물론 원고가 말한 절차상의 문제에 관해서는 동의하는 바입니다. 중대한 일일수록 시간을 충분히 갖고 다양한 가능성과 위험을 짚은 다음에 조심스럽게 시행해야겠지요. 그러나 당시 조정 대신들은 국정 자체에는 관심이 없고 늘 '아니 되옵니다'만을 입에 달고 살았습니다. 새로운 나라에서 새로운 제도와 관행을 세우는 일이 중대한 사안이었음에도 불구하고 오로지 자신들의 생각에서 조금이라도 벗어나면 '아니 되옵니다'만을 반복한 것이지요. 이와 관련해서 피고에게 직접 들었으면 합니다.

판사   좋습니다. 피고는 훈민정음을 창제할 때의 상황을 기억하십니까?

세종 대왕   물론입니다. 그때가 내가 즉위한 지 25년을 맞은 해였습니다. 난 누구보다 국왕의 직무에 뛰어났고 신하들의 인물 됨됨이도 하나하나 꿰뚫고 있었지요. 그들의 당시 성향으로 보았을 때 아마도 조정 대신들에게 훈민정음 반포 문제를 논의하도록 했다면 100년이 지나도 시행되지 못했을 것입니다. 이런 일은 전격적으로 진행해야 합니다. 중대한 일이라고 해서 반드시 모두 오랜 시간을 두고 검토해야 하는 것은 아니지요.

판사   하지만 한 나라의 왕이라면 중대한 일을 진행할 때 경솔해서는 안 되는 것 아닙니까?

세종 대왕   그건 당연합니다. 하지만 사안에 따라 다르다고 생각합니다. 내가 얼마나 신중했는지는 누구보다 원고 최만리가 더 잘 알고 있을 것입니다. 난 『고려사』 편찬에 20년 이상의 시간을 들였습니다. 고민에 고민을 거듭하며 심혈을 기울였지만 결국 세상을 떠날 때까지도 완성을 보지 못했습니다. 그 일은 아들인 문종이 1451년에 완성했지요.

판사   그럼 훈민정음은 왜 그렇게 하지 않은 것입니까?

세종 대왕   난 훈민정음의 장점을 누구보다 잘 알고 있었고, 그 완성도에 있어서도 이미 자신이 있었기 때문에 전격적으로 시행한 것입니다. 절차도 중요하지만 더 중요한 것은 일의 성공입니다. 훈민정음 반포의 경우 절차를 따지다가는 실패할 것으로 보았고, 그 판단은 옳았다고 생각합니다.

세종 대왕이 말을 마치자 방청석에서는 대다수의 사람들이 진지

    왜 세종 대왕은 훈민정음을 만들었을까?

한 표정으로 고개를 끄덕였다. 그런 분위기를 감지한 김딴지 변호사가 재빠르게 일어나 반론을 제기했다.

김딴지 변호사　그렇다면 그 후 훈민정음은 어떻게 되었나요? 피고는 적어도 관리들의 문자로 훈민정음이 자리 잡기를 바랐습니다. 그러나 실패했습니다. 너무 서둘렀기 때문입니다. 오히려 둘째 아들인 세조는 개인적 관심사인 불교의 경전들을 번역하는 데 훈민정음을 활용했습니다. 피고의 뜻이 아무리 좋아도 원고의 지적처럼 조정 대신들의 충분한 지지를 이끌어 내지 못했기 때문에 조선 시대 내내 훈민정음은 여자들의 글로만 명맥을 잇게 되지 않았습니까? 원고의 조언은 피고가 반드시 수용했어야 하는 직언이었다고 할 수 있습니다.

판사　자, 이 정도면 양측이 충분히 자신들의 입장을 밝혔다고 생각됩니다. 상소문의 다음 대목으로 넘어가는 것이 좋겠군요. 참, 앞의 상소문 내용이 마지막이라고 했습니까?

김딴지 변호사　네, 판사님. 엄밀히 따지면 조금 더 남아 있지만 이 대목은 세자의 훈민정음 공부와 관련하여 어떻게 교육시킬 것인지를 다루고 있기 때문에 피고 측이 동의해 준다면 쟁점에서 제외하고자 합니다.

판사　피고 측 변호인, 어떻게 하시겠습니까?

이대로 변호사　동의할 수 없습니다. 이 대목에서 원고는 모순된 주장을 하고 있기 때문입니다. 앞서 원고는 분명 훈민정음 창제는 중대한 일이기 때문에 조정 대신들이 논의에 참여할 수 있게 해야 한

곡해
사실을 옳지 않게 받아들이는 것을 말하지요.

다고 했습니다. 그런데 여기서 원고는 훈민정음이 한갓 기예에 불과한데 세자가 아버지인 피고를 도와 훈민정음 창제와 반포에 깊이 관여하는 일은 잘못된 것이라고 비판하고 있습니다. 이와 관련해서 피고의 증언을 듣도록 하겠습니다.

세종 대왕　내가 나이가 들어 기력이 쇠하자 국가의 주요 업무를 세자에게 맡겨 대리청정하게 한 것은 최만리도 알 것입니다. 훈민정음 창제의 경우 일단 내가 모든 업무를 세자에게 맡겼으니 중대한 일이건 세세한 일이건 세자가 참여하는 것은 지극히 당연한 것이지요. 그럼에도 최만리 자네는 나의 신하라는 자가 이 따위로 시비를 걸어오다니, 옳지 않네!

　세종 대왕이 엄한 목소리로 최만리를 질책하자 그도 질 수 없다는 듯 입을 열었다.

최만리　조금 곡해가 있는 것 같습니다. 물론 세자께서 국가의 중대사에 관여하는 것은 당연합니다. 그러나 훈민정음처럼 급하지 않은 일에까지 참여하는 것은 시간 낭비입니다.

판사　피고와 원고 모두 이 문제에 대해서는 조금도 입장을 양보하지 않고 있습니다. 일단 이로써 훈민정음 창제의 부당성을 주장했던 원고의 상소문을 짚어 보며 원고가 무슨 이유로 훈민정음 창제를 반대했는지에 대해 자세히 살펴볼 수 있었습니다. 오늘 재판은 이것으로 마무리 짓겠습니다. 다음 재판에서는 훈민정음을 세종 대왕 혼자 만든 것인지, 세종 대왕이 훈민정음을 만든 이유는 무엇인지를 중심으로 이야기하도록 하지요. 수고하셨습니다.

　땅, 땅, 땅!

다알지 기자

　　오늘 있었던 두 번째 재판에서는 최만리를 포함한 집현전 학사 일곱 명이 올린 상소문의 내용을 조목조목 짚어 가며 원고와 피고 양측이 입장을 밝혔습니다. 서로 한 치도 밀리지 않는 팽팽한 공방이 이어졌는데요. 먼저 당사자인 최만리와 세종 대왕이 상소문에 대한 서로의 입장을 분명히 했습니다. 최만리는 왕을 보필하는 신하로서의 본분, 나라의 존립을 흔들 수도 있는 중대 사안에 대한 당연한 건의, 국가의 격을 높이는 차원에서의 반대 등을 들어 자신의 입장을 명확하게 밝혔습니다. 한편 세종 대왕은 아직 훈민정음 창제 의도와 관련된 본격적인 논란이 시작되지 않은 때문인지 상소문에 드러난 약간의 문제점만 지적하는 데 그쳤습니다. 그럼 지금부터 이번 재판의 두 주인공인 최만리 씨와 세종 대왕님을 만나서 오늘 재판에 대한 소감과 앞으로 재판에 임하는 자세 등과 관련해 인터뷰를 갖도록 하겠습니다.

최만리

　처음에는 판사께서 송시열에게 사대주의자라는
유죄 판결을 내린 경력이 있어 긴장했는데 재판 진행은
지극히 공정했다고 생각합니다. 일단 나로서는 밝힐 수 있는 입장과
내용은 다 밝혔다고 말할 수 있습니다. 다만 내가 원고임에도 방어하
는 입장이어서 앞으로의 재판이 쉽지 않을 것이기에 긴장을 늦추진 않
고 있습니다. 하나하나 성실하게 사실에 입각해 밝혀 나가려 합니다.

세종 대왕

　　나는 최만리의 명예 훼손보다는 훈민정음 창
제의 부당성 문제를 해명해야 한다는 생각을 갖고 있
어요. 그런데 이번 재판에서는 내 발언이 상소문에 한정되는 바람에
왜 내가 훈민정음을 창제해야겠다고 생각하게 되었는지에 대해 충분
히 이야기할 기회를 갖지 못해 매우 아쉽게 생각합니다. 그러나 다음
재판에서는 이 문제를 집중적으로 다룬다고 하니 다행입니다. 혹시라
도 최만리와 같은 생각을 지금까지 갖고 있는 사람들이 있을 수 있기
때문에 더 이상 논란이 되지 않도록 훈민정음 창제 과정을 명쾌하게
밝힐 생각이에요.

과학도 발전시킨 세종 대왕의 발자취

훈민정음을 만들어 우리 민족의 문화 발전에 크게 이바지한 세종 대왕. 과학적인 안목과 과학 발전에 대한 열의 또한 매우 높아서 세종 대왕 당시에는 과학도 큰 발전을 가져왔습니다. 세종 대왕과 함께한 과학 기기에는 어떤 것이 있었는지, 복원된 기기들을 통해 알아볼까요?

간의

간의는 조선 시대의 대표적인 천문 관측 기기로서, 1432년(세종 14)에 나무로 된 간의를 만들었으며 1438년(세종 20)에는 구리로 제작하였다고 전해지지요. 오늘날의 각도기와 비슷한 구조를 가졌으며, 경회루 북쪽에 있는 간의대 위에 설치하여 태양, 달, 오행성, 항성들의 위치를 관측하고 또한 정밀한 시간을 측정하였습니다.

혼상

하늘의 별들을 둥근 구면에 보이는 그
대로 표시한 천문 기기가 바로 혼상
이에요. 계절의 변화와 시간의 흐름
을 알 수 있는 것이 특징이지요. 1437
년(세종 19)에 제작한 것이 기록상으로
남아 있는 최초의 혼상이에요.

관천대

하늘에서 일어나는 모든 현상을 관찰
하던 조선시대의 천문대예요. 세종 대
왕은 경복궁 안에 천문 관측 기기를
설치하여 천문관원들로 하여금 하늘
에서 일어나는 모든 현상을 끊임없이
관측하도록 하였지요. 안타깝게도 세
종 대왕 당시 만들어진 관천대는 불에
타 없어졌고 그 모습만 추측해 볼 수
있답니다.

측우기

수표

측우기는 강우량을 측정하기 위하여 1441년(세종 23)에 장영실 등이 세계 최초로 발명한 우량계예요. 말 그대로 비가 온 양을 재는 데 쓰인 기구로, 땅 속에 스며든 빗물의 깊이를 재어 강우량을 측정하던 이전의 방법 대신 보다 과학적인 방법으로서 원통 형태의 측우기가 만들어졌답니다.

물의 높이를 재는 기기가 바로 수표예요. 1441년(세종 23)에 만들기 시작하여 이듬해 완성된 수표로 서울 청계천 등의 하천의 깊이를 재었다고 해요. 처음에는 나무로 만들었다가 나중에 돌로 바뀌었지요. 수표의 발명에는 7~8월에 치우쳐 비가 오는 우리나라의 자연조건을 통계적으로 파악하고자 애쓴 선조들의 마음이 담겨 있답니다.

출처: 세종대왕유적관리소(http://sejong.cha.go.kr)

백성을 가르치는
바른 소리, 훈민정음

1. 훈민정음 창제를 도운 사람은 누구일까?
2. 세종 대왕이 훈민정음을 창제한 이유는 무엇일까?
3. 훈민정음을 반대한 다른 신하들은 어떤 주장을 펼쳤을까?

1

훈민정음 창제를 도운
사람은 누구일까?

판사　지금부터 이번 소송에 관한 세 번째 재판을 시작하겠습니다. 지난 재판에서는 원고 최만리가 올린 상소문의 내용을 자세히 살펴보았지요. 이번 재판에서는 본격적으로 피고와 훈민정음에 관해 자세히 들어 보도록 하겠습니다. 그럼 먼저 피고 측 증인 정인지는 증인석에 나와 주세요.

정인지가 증인석으로 걸어 나왔다. 이미 재판 첫째 날 증언을 해 보아서인지 오늘은 조금 느긋해 보였다. 이대로 변호사가 증인에게 다가가 질문을 시작했다.

이대로 변호사　이렇게 또다시 나와 주서서 감사합니다. 증인은 훈민정음 창제 과정에 언제부터 참여했나요?

정인지　　나는 창제 과정에는 참여하지 않았습니다. 훈민정음은 온전히 전하께서 홀로 만드신 것입니다. 전하께서는 일찍부터 신하들을 키울 때 어디에 쓸 인재인지를 염두에 두셨습니다. 돌이켜 보면 전하께서는 나와 김종서 장군을 역사 전문가로 키우셨던 것이 아닌가 생각됩니다. 실제로 나와 김종서 장군은 갈등 관계에 있었으면서도 결국 힘을 합쳐『고려사』와『고려사절요』편찬을 주도했습니다.

이대로 변호사　　훈민정음을 피고 홀로 창제했다니, 그게 무슨 말입니까? 우리나라 사람들은 모두 훈민정음을 세종 대왕의 지휘하에 집현전 학사들이 창제한 것으로 알고 있지 않나요?

정인지　　대부분 그렇게 알고 있는데 실상은 그렇지 않습니다. 정확히 말씀드리면 창제는 전하께서 혼자 하신 것이고, 일부 집현전 학사들은 만들어진 훈민정음이 하나의 문자로서 제대로 작동할 수 있는지를 음운학적으로 점검하는 작업을 했을 뿐입니다.

이대로 변호사　　그러면 점검 작업에 참여한 학사들의 이름을 밝힐 수 있습니까?

정인지　　물론입니다. 우선 내가 참여했고요, 이어 집현전 응교 최항, 부교리 박팽년, 신숙주, 수찬 성삼문, 부수찬 이개와 이선로가 참가했습니다. 집현전 소속이 아닌 사람으로는 돈녕부 주부 강희안이 참가했지요.

이대로 변호사　　그다지 고위직은 아니군요. 판사님, 훈민정음을 누가 창제한 것인지 분명히 하기 위해 잠시 다른 증인을 불러서 이야기를 듣고 싶습니다. 방금 증인이 함께 점검 작업을 진행했다고 증언한 성삼문을 증인으로 신청합니다.

판사　　좋습니다. 그 전에 증인 정인지에게 다시 한 번 묻겠습니다. 지금 열거한 사람들은 창제가 아니라 점검 작업에만 참가했다는 것이지요?

정인지　　네, 그렇습니다.

판사　　증인 성삼문은 나와 주십시오.

방청석에 있던 성삼문이 증인석으로 걸어 나와서 또렷한 음성으로 선서를 하고 자리에 앉았다.

판사　　그 유명한 사육신의 성삼문 선생이시군요.

성삼문　　안녕하십니까. 내가 성삼문입니다. 전하를 도와 훈민정음을 점검하는 일을 맡았었지요.

이대로 변호사　　좀 전에 증인 정인지는 훈민정음을 집현전 학사들이 아니라 피고인 세종 대왕 혼자서 창제했다고 했는데 사실입니까?

성삼문　　'혼자서 창제했다'고 하는 말의 뜻이 조금은 애매합니다. 처음부터 끝까지 전하께서 혼자 창제했다는 의미라면 정확히 그렇다고 말하기는 곤란합니다.

순간 아직 증인석에 앉아 있던 정인지의 표정이 어두워졌다. 하지만 성삼문은 개의치 않고 말을 이었다.

　　왜 세종 대왕은 훈민정음을 만들었을까?

성삼문　　왕자와 공주들도 전하를 도와 창제 작업을 했으니까요. 그러나 집현전 학사들이 창제 과정에 거의 참여하지 않았다는 점에서는 틀린 말도 아닙니다.

이대로 변호사　　잘 알겠습니다. 그 밖에 이번 재판과 관련해 별도로 증언해 주실 말씀이 있습니까?

성삼문　　있습니다. 옆에 있는 정인지뿐만 아니라 최만리도 나의 동료입니다. 최만리가 곧은 사람이라는 것은 내 모든 것을 걸고 보증할 수 있습니다. 그는 조금 고지식하지만 결코 수구적인 인물은 아닙니다. 또, 사대주의라는 말과 관련해 말씀드릴 게 있습니다. 나는 당시 집현전 학사로 같이 있던 신숙주와 함께 전하의 명을 받아 여러 차례 명나라 언어학자를 만나기 위해 요동을 방문했습니다. 조금 전문적인 말로 '질정관'이라고 하는데요, 전하께서 만드신 새로운 문자가 실제로 사용될 수 있는지, 정말로 일반 백성이 쉽게 배워 사용할 수 있는지를 언어학적 차원에서 점검하는 일이었습니다. 훈민정음 자체에도 이처럼 중국 언어학자의 도움을 받으려 했던 전하이신데, 가볍게 옛사람이 이룩한 문서를 고쳤다느니 근거가 없다느니 급하게 했다느니 비난하는 것은 이치에 맞지 않다고 봅니다. 재판에 참고가 되기를 바랍니다.

이대로 변호사　　증언 감사합니다. 다시 증인 정인지에게 묻겠습니다. 그렇다면 왜 지금까지 피고 혼자서 훈민정음을 만든 것이 아니라 집현전 학사들이 창제했다는 설이 오랫동안 유포된 것입니까?

정인지　　여러 이유가 있겠지만 무엇보다도 새로운 문자를 왕이 과

질정관

조선 시대에 있었던 임시 벼슬로서, 글의 음운이나 제도 등에 대한 의문점을 중국에 가서 질문하고 알아 오는 일을 맡았습니다.

연 혼자서 만들 수 있었겠느냐는 당연한 의구심에서 비롯된 것이라고 봅니다. 그러나 이는 전하의 뛰어난 학식을 모르는 사람만이 할 수 있는 의심입니다. 나도 학식에서는 조선 최고라는 자부심을 갖고 살아왔지만 전하 앞에서는 감히 나설 수 없습니다. 전하께서는 학문의 폭과 깊이에서 모든 신하들을 압도하십니다. 생각해 보십시오. 과연 세상에 완결된 문자를 한 개인이 만든 것이 어디 있습니까? 전하께서는 바로 그것을 해내셨습니다. 의심해야 할 일이 아니라 자랑스러워해야 할 위업입니다.

판사 알겠습니다. 피고가 혼자 훈민정음을 만들었다는 '세종 대왕 친제설'에 대해 원고 측에서 이의가 없다면 이 문제는 그렇게 정리하고 넘어가겠습니다.

김딴지 변호사 판사님, 훈민정음 창제 과정에서 피고와 집현전 여덟 학사가 어떻게 역할을 나눠 맡았는지는 그들만이 알기 때문에 친제설을 직접 반박하기는 어렵습니다. 그러나 겉으로 드러난 몇 가지 사항을 통해 증인이 말한 친제설의 문제점을 짚어 볼까 합니다.

우선 학계에는 피고의 한글 친제설과 집현전 여덟 학사로부터 상당히 중요한 도움을 받으며 한글을 만들었다는 '친제 협찬설'이 있다는 것을 말씀드립니다. 한글 친제설은 우리에게 소설 『임꺽정』으로 잘 알려진 작가 홍명희의 아들 홍기문이 본격적으로 주장했습니다. 뛰어난 한학자이자 어문학자로 일제 시대 때 조선일보 학예부장으로 이름을 날린 홍기문은 증인 정인지가 말한 그대로 피고가 혼자 훈민정음을 창제했고 여덟 학사는 훈민정음을 현실 생활에 적용

할 경우 예상되는 문제점들을 찾아내는 지극히 보조적인 역할을 하는 데 그쳤다고 보았습니다. 그러나 국어학자 이숭녕과 강신항은 조금 다릅니다. 이들은 여덟 학사의 역할이 상당했다고 봅니다. 즉, 여덟 학사의 도움이 없었다면 창제는 힘들었거나 세종 대왕 생전에 불가능했다고 보는 것입니다.

판사 증인 정인지는 후대에 나온 이 두 가지 평가 중 어느 것이 진실에 가깝다고 보십니까?

정인지 당연히 나는 홍기문의 생각이 정확하다고 봅니다.

김딴지 변호사 존경하는 판사님, 그동안 알려지지 않았다 하더라도 이 법정에서는 훈민정음 창제 작업에 누가 참여했는지, 그리고 누가 주도적인 역할을 했는지 밝힐 필요가 있다고 봅니다. 명예 훼손과 직접 관련되는 것은 아니지만 훈민정음 창제의 동기를 살필 수 있기 때문입니다.

판사 좋습니다. 창제를 누가 주도했고, 증인 외에 그 일에 참여한 사람이 누구인지에 관한 피고 신문을 진행하도록 하겠습니다.

이대로 변호사 훈민정음 창제는 피고가 홀로 결단하고 추진한 것이지요?

세종 대왕 그렇소.

김딴지 변호사 제가 묻겠습니다. 피고는 처음부터 끝까지 창제 작업에 참여하셨습니까?

세종 대왕 ······.

김딴지 변호사 다시 묻겠습니다. 피고는 처음부터 세상의 모든 언어에 관한 자료를 직접 수집하고 연구하여 마침내 스물여덟 자를 혼자서 다 만들었습니까? 이 과정에서 누구의 도움도 받지 않았다고 자신할 수 있습니까? 이와 관련해서 위증을 하실 경우 다른 증언도 모두 위증으로 간주하겠습니다.

이대로 변호사   판사님, 지금 원고 측 변호인은 피고를 위협하고 있습니다.

판사   인정합니다. 피고가 위증을 할 경우 다른 증언도 모두 위증으로 간주하겠다는 발언은 속기록에서 지우도록 하겠습니다. 피고는 발언하십시오.

세종 대왕   어디서부터 어디까지를 창제로 보느냐에 따라 다르겠지만 훈민정음의 핵심 원리와 내용은 모두 내가 직접 만들었습니다.

김딴지 변호사   보조적이건 부차적이건 피고가 새로운 문자를 창제하려 한다는 사실을 알고서 주변에서 도운 사람들은 누구입니까?

세종 대왕   수양 대군과 안평 대군 두 아들과 정의 공주, 그리고 집현전 학사입니다.

김딴지 변호사   집현전 학사의 이름을 밝혀 줄 수 있습니까?

세종 대왕   정인지, 최항, 박팽년, 신숙주, 성삼문, 강희안, 이개, 이선로 등 여덟 명입니다.

김딴지 변호사   그들은 창제 작업에 어느 정도 깊이 관여했습니까?

세종 대왕   창제의 범위를 확실하게 정하기는 곤란합니다. 그 점은 성삼문 증인도 언급하지 않았습니까? 대군들이나 집현전 학사들 중에서 어느 누구도 창제 작업 전체를 조망한 사람은 없습니다. 전

체의 개요와 방향은 오직 나만이 알고 있었어요. 그들은 각자 자신들에게 주어진 작은 역할만 했지요. 물론 그들끼리 부지런히 대화를 나누었다면 내가 무엇을 하고 있는지 개략적인 흐름을 알았겠지만 내가 직접 그것을 밝히지는 않았습니다. 그러면 사실상 비밀리에 창제를 할 필요가 없었겠지요.

김딴지 변호사　　그런 일이 과연 가능할까요? 사람이란 비밀을 접하면 반드시 알고자 합니다. 아무리 왕에 대한 충성심이 깊어도 그런 비밀 작업에 대한 궁금증을 참아 내는 것이 쉬웠을까요?

세종 대왕　　나의 아들들과 신하들은 잘 참아 주었습니다. 내 생각에는 아들 중에서 수양 대군이 절반 정도는 알았던 것 같고, 정인지도 3분의 1정도는 알았겠지만 밖으로 내놓지 않았습니다. 신숙주나 성삼문은 아마도 내가 이두를 좀 더 정교하게 개량하기 위해 자신들을 중국에 보내 음운학을 배워 오도록 했다고 생각했을 것입니다.

2

세종 대왕이 훈민정음을
창제한 이유는 무엇일까?

판사   이번에는 피고 측 변호인이 피고를 신문하세요.

이대로 변호사   피고는 먼저 훈민정음을 만들어야겠다고 생각하게 된 이유부터 말씀해 주십시오.

세종 대왕   내가 왕위에 오른 지 10년째가 되던 1428년 9월, 경상도 진주에 사는 김화라는 자가 자신의 아버지를 죽이는 충격적인 사건이 일어났습니다. 잘 알겠지만 나는 부왕의 뒤를 이어 왕이 된 후 삼강오륜(三綱五倫)이 굳건하게 지켜지는 문명 국가를 만들겠다고 다짐해 왔고, 그렇게 실천하고 있다고 자부했습니다. 신하를 뽑을 때도 관리로서 다소 부족한 점이 있어도 삼강오륜을 범하지 않으면 관대하게 대해 주었습니다.

그런데 다른 것도 아니고 자식이 아비를 죽였으니 이는 역모에 준

삼강오륜
유교의 도덕에서 기본이 되는 세 가지의 강령과 지켜야 할 다섯 가지의 도리를 말합니다.

능지처참
대역죄를 범한 죄인에게 과해지는 형벌로, 죄인을 죽인 뒤 시신의 머리, 몸, 팔다리를 토막 내서 각지에 돌렸습니다.

『효행록』
고려 시대의 효자 62명에 대한 이야기를 기록한 책입니다.

교과서에는

▶ 세종 대왕 때에 모범이 될 만한 충신이나 효자, 열녀 등의 행적을 그림으로 그리고 설명을 덧붙여서 백성들이 윤리서로 삼을 수 있도록 『삼강행실도』를 편찬하였습니다.

하는 중죄였습니다. 사건 직후 신하들과 함께했던 회의에서도 나는 죄인을 능지처참으로 다스릴 것을 명했습니다. 그러나 돌이켜 생각하니 '중벌와 엄벌만으로 이런 패악스러운 범죄를 없앨 수 있겠는가'라는 회의가 들었습니다. 또, '백성들의 교화를 제대로 하지 못한 나의 잘못은 없는가' 하는 자책도 들더군요.

이대로 변호사　　그래서 어떤 대책을 생각하셨습니까?

세종 대왕　　그때 중추부 판사 변계량이 "『효행록』과 같은 서적을 널리 반포하여 백성들로 하여금 이를 항상 읽고 외우게 한다면 백성들이 효와 예의 중요성을 알게 되어 교화될 수 있을 것"이라고 건의해서, 설순에게 명하여 『효행록』을 개정해서 다시 만들도록 했지요. 그것이 4년 뒤에 집현전에서 펴낸 『삼강행실』입니다.

이대로 변호사　　하지만 백성들이 책을 읽을 수 없어서 효과를 거두지 못했다는 지적이 있었는데, 맞습니까?

세종 대왕　　맞습니다. ▶그래서 그림을 덧붙여 길거리에서 뛰노는 아이들과 여염집 부녀자들까지도 모두 쉽게 익힐 수 있도록 했지요. 2년 뒤인 1434년에 나온 『삼강행실도』가 그것입니다.

　　『삼강행실도』가 『삼강행실』보다는 훨씬 효과가 있었습니다. 그래서 한문을 모르는 일반 백성도 쉽게 배우고 익힐 수 있는 글자를 만들어 보급한다면 『삼강행실도』보다 훨씬 넓고 깊은 교화 효과를 볼 수 있지 않을까 생각하다가 훈민정음, 즉 백성을 가르치는 바른 글을 만들어야겠다고 결심한 것입니다.

이대로 변호사　백성을 내 몸과 같이 귀하게 여겼기에 훈민정음을 창제하게 되었다는 말씀이군요.

김딴지 변호사　판사님, 이의 있습니다. 지금 피고 측 변호인은 증인을 칭찬함으로써 재판에 영향을 주려 하고 있습니다.

판사　일리 있는 지적이지만 피고가 이룩한 업적을 볼 때 그 정도 칭찬은 허용해도 된다고 봅니다. 그리고 그런 정도의 칭찬에 내가 영향을 받지는 않으니 계속 재판을 진행하겠습니다.

이대로 변호사　백성을 생각하는 피고의 뜻이「세종어제훈민정음」에 나오는 첫 구절, 즉 "나라말이 중국과 달라서 어리석은 백성이 이르고자 하는 바가 있어도 그것을 제대로 문자에 담아 전달하지 못하니"에 고스란히 담겨 있는 것이군요.

세종 대왕　그렇습니다.

이대로 변호사　존경하는 판사님, 이 지점에서 증인 최치운의 증언을 들어 보고 싶습니다.

판사　받아들입니다. 증인 최치운은 앞으로 나와 주십시오.

　판사가 이름을 부르자 최치운이 차분하게 걸어 나와서 증인 선서를 했다.

이대로 변호사　증인께서는 먼저 간략하게 자기소개를 해 주십시오.

음훈
한자와 같은 표의 문자의 음과
뜻을 아울러 이르는 말입니다.

최치운　　나는 태종 때에 문과에 급제해 외교 문서를 관장하는 승문원에서 활동했고 집현전 학사로 선발됐습니다. 그 후 승지로 임명되어 전하를 가까이에서 모셨고, 밀명을 받아 모두 다섯 차례에 걸쳐 명나라를 방문하고 돌아왔습니다. 나는 특히 법률 용어에 능통해서 이 분야에서 전하의 자문을 맡았지요.

이대로 변호사　　명나라에 다섯 차례나 방문했다고 했는데 성삼문이나 신숙주처럼 훈민정음 질정관으로 다녀온 것인가요?

최치운　　아닙니다. 나는 훈민정음이 창제되기 3년 전인 1440년에 조선을 떠나 여기 역사공화국으로 왔기 때문에 그 일에 관해서는 들은 바가 전혀 없습니다.

이대로 변호사　　그러면 증인이 피고를 도와 하신 일은 무엇인지 말씀해 주실 수 있습니까?

최치운　　네. 이곳으로 오기 2년 전인 세종 20년에 저는 전하로부터 변효문, 이세형, 김황 등과 함께 『신주무원록』이라는 과학 수사 지침서를 편찬하라는 명을 받았어요. 그래서 당시 원나라의 책 『무원록』에 주해를 더하고 음훈을 붙여 2년 만에 완성했지요.

이대로 변호사　　한 나라의 왕이었던 피고가 왜 하필이면 과학 수사 분야의 책을 편찬하라는 명령을 직접 내렸을까요?

최치운　　그건 한마디로 백성 사랑입니다. 전하께서는 유난히 범죄자들의 억울함을 없애는 데 큰 관심이 있었습니다. 범죄자가 범죄를 저지르게 되는 것은 자신이 통치를 잘못해서라는 인식이 있었던 것

이지요.

이대로 변호사　　그러면『신주무원록』을 편찬한 뜻과 훈민
정음 창제의 뜻이 크게 다르지 않다고 볼 수 있겠네요.

최치운　　그 분야에 대해서는 내가 잘 모르지만 분명 일
맥상통하는 게 있을 겁니다. ▶당시에 백성들이 더 나은 삶
을 살아갈 수 있도록 온 마음을 쏟으셨기 때문에 우수한
발명품들도 많이 나올 수 있었다고 봅니다.

교과서에는

▶ 조선 초기 세종 대왕 때를
전후하여 우리나라의 과학
기술은 역사적으로 매우 뛰
어났습니다. 세계 최초로 측
우기를 만들어서 전국의 강
우량을 측정하였고, 시간 측
정 기구로는 물시계인 자격
루와 해시계인 앙부일구 등
이 만들어졌습니다.

재판 셋째 날 | 백성을 가르치는 바른 소리, 훈민정음

이대로 변호사　　　증인 신문을 마치겠습니다. 감사합니다.

　　흡족한 표정의 이대로 변호사가 이번에는 피고석의 세종 대왕을 바라보며 질문을 던졌다.

이대로 변호사　　　피고께 이번에는 조금 민감한 질문을 던지도록 하겠습니다. 왕이 백성을 위해서 문자를 만드는 것은 분명 좋은 일입니다. 그런데 왜 피고는 10년 동안 훈민정음 만드는 일을 극비에 진행했습니까?

세종 대왕　　　한마디로 쉽게 답할 수 없는 질문입니다. 그것은 한 나라의 문자 생활과 관련되어 있기 때문입니다. 이대로 변호사는 당시 조선 백성의 문자 생활에 대해 조금이라도 알고 있습니까?

이대로 변호사　　　유감스럽게도 저는 잘 알지 못합니다. 말씀 계속하시지요.

세종 대왕　　　당시에는 한 줌도 안 되는 양반과 극소수의 중인 아전들 말고는 한문을 제대로 읽고 쓰지를 못했어요. 그래서 대다수의 백성들은 생활에서 불편한 점이 한두 가지가 아니었지요. 심지어 한문을 제법 한다는 고위 관리들도 법률 용어 같은 전문 분야의 한문은 제대로 이해하지 못했습니다. 물론 그동안 써 오던 문자를 바꿀 경우 혼란이 극심할 것이지만, 관리와 백성들의 고통을 생각하면 우리에게 적합한 문자를 만들어야만 했습니다.

　　하지만 원고 측의 주장처럼 새 문자의 창제가 명나라를 멀리하려는 것으로 잘못 여겨질 여지가 있었습니다. 명나라와의 관계를 두터이 해야 할 시점에 그런 일로 서로 틈이 생기면 안 된다고 생각했지요. 실제로 새 문자가 한문과 한자를 대체하는 것도 아니었습니다. 따라서 불필요한 오해를 막기 위해 문자 창제 작업은 극비로 진행하는 것이 좋다고 판단했어요.

김딴지 변호사　잠깐만요. 피고! 지금 분명히 새로운 문자가 한문과 한자를 대체하는 것이 아니었다고 말씀하셨습니다. 확인해 주십시오.

　　세종 대왕이 그 부분을 다시 말하려고 하자 이대로 변호사가 급히 끼어들었다.

이대로 변호사　판사님, 지금 원고 측 변호인은 말꼬리를 잡고 있습니다.

김딴지 변호사　그렇지 않습니다. 훈민정음이 한문과 한자를 대체할 목적으로 만들어졌는지 여부는 원고 최만리가 사대주의자인지 아닌지를 판가름하는 데 중요한 단서입니다. 피고께선 확인해 주십시오.

판사　피고는 본인의 생각을 말씀하세요.

세종 대왕　원고 측에서 그렇게 민감한 문제라고 말하니 그와 관련된 내 생각을 좀 더 자세하고 분명하게 말하는 것이 좋을 것 같습니다.

김딴지 변호사　아니, 아까 그렇게 말했는지 아닌지만 확인해 주시면 됩니다.

세종 대왕　　그것만 확인하면 오해의 소지가 있기 때문에 충분한 발언 기회를 주지 않으면 확인해 주지 않겠소이다.

판사　　사안의 중요성을 감안해 피고에게 충분한 발언 기회를 드리겠습니다. 피고는 계속 말씀하세요.

세종 대왕　　문자 생활은 하루아침에 바뀌는 것이 아닙니다. 하나의 문자가 다른 문자를 대신해 자리 잡으려면 적어도 100년이 걸립니다. 운학 공부를 오래 한 나는 누구보다 이를 잘 알고 있어요. 만약 두 가지 문자가 공존할 경우 사람들은 결국 어느 문자를 쓰게 될까요? 편리한 문자일까요, 어려운 문자일까요? 위엄을 과시하고자 하는 높은 계층은 물론 어려운 문자를 좋아하겠지만, 대부분의 백성은 편리한 문자를 쓰게 될 것입니다.

훈민정음으로 한문과 한자를 대체하려 하지 않았다는 말은 따라서 군이 그렇게 하지 않아도 절로 훈민정음이 한문과 한자를 대체하게 되리라는 나의 믿음이 있었기 때문입니다. 결국 그렇게 될 텐데 괜히 일부 고지식한 신하들에게 꼬투리를 잡혀 창제에 몰두할 시간을 빼앗길까 봐 비밀주의를 선택한 것입니다.

장영실이 만든 위대한 발명품

조선은 경제 발전을 위해서 농사를 장려했는데, 세종 대왕은 백성들이 보다 과학적으로 농사지을 수 있도록 많은 기구들을 발명하게 하였습니다. 이를 위해 발탁된 장영실은 천한 신분임에도 그 재주를 인정받아 우리나라 최초의 물시계인 자격루와 측우기, 그리고 해시계를 발명했습니다.

해시계인 앙부일구는 그림자의 길이와 위치에 따라서 백성들이 절기와 시간을 알 수 있도록 했지요. 하지만 앙부일구로는 해가 뜨지 않을 때 시간을 볼 수 없기 때문에 이를 보완하여 자격루를 만들었습니다. 이는 물방울의 양을 측정해서 시각을 알 수 있도록 한 원리였지요.

한편 농사를 위해서는 강수량을 정확히 아는 것이 중요했는데 당시에는 그것이 어려워서 백성들이 많은 불편을 겪었습니다. 장영실은 이를 해결하기 위해 많은 노력을 기울인 끝에 세계 최초로 측우기를 발명했습니다. 측우기는 물통에 떨어지는 빗물의 양으로 강수량을 측정할 수 있도록 한 것입니다. 이 모든 발명품에는 백성들의 생활에 실질적인 도움을 주고자 했던 세종 대왕의 깊은 뜻이 담겨 있답니다.

앙부일구

3 훈민정음을 반대한 다른 신하들은 어떤 주장을 펼쳤을까?

이대로 변호사　이제 중요한 질문을 하겠습니다. 피고는 10년 가까운 준비 과정을 통해 창제된 훈민정음이 백성들에게 성공적으로 퍼져 나갈 경우 조선 사회가 어떻게 바뀔 것으로 보았습니까?

세종 대왕　좋은 지적입니다. 나도 처음에는 어떻게 하면 좀 더 많은 백성이 삼강오륜의 가르침을 받아 교화의 길로 들어설 수 있을까를 고민하다가 훈민정음 창제라는 엄청난 작업을 시작하게 되었습니다. 백성 교화는 동기이자 목표였지요. 그렇지만 막상 창제 작업에 뛰어들고 보니 쉽고 편리한 문자를 만들 경우 백성들이 누릴 수 있는 혜택이 한두 가지가 아니었어요. 그럴수록 나는 조선의 왕으로서 더 쉽고 편리한 글을 만들어야겠다는 책임감도 강해졌지요. 이미 여러 번 밝혔지만 내가 꿈꾸는 조선은 이러했습니다.

밭에서 일하며 농사에 힘써서 우러러 어버이를 섬기고 굽어 자녀를 길러서 내 백성의 생명이 장수하게 되고 그리하여 우리나라의 근본을 견고하게 한다면 거의 집집마다 넉넉하고 사람마다 풍족하며 예의를 지켜 서로 겸양하는 풍속이 일어나서 시대는 평화하고 해마다 풍년은 들어 함께 태평 시대의 즐거움을 누리게 하자.

▶나는 이런 조선을 만들기 위해 1429년에 우리 실정에 맞는 농사법을 담은 『농사직설』이란 책을 펴냈습니다. 양반 관리를 통해 농민들에게 농사법을 가르치려 한 것이지요. 하지만 실제로 효과를 볼 수 없었어요. 관리들이 때로는 태만했고, 또 한문을 제대로 읽는 관리들의 수가 부족했기 때문이지요. 결국 『농사직설』을 알기 쉬운 문자로 풀어 놓는다면 누구나 쉽게 배우고 익혀서 농사에 큰 도움을 받겠다는 생각을 한 것입니다.

이대로 변호사   그것이 목표의 전부인가요?

세종 대왕   그건 아닙니다. 장기적으로는 한문과 이두 사용으로 인한 불편함을 뛰어넘으려 했습니다.

김딴지 변호사   지금 피고는 자신이 앞에서 했던 말을 번복하고 있습니다. 피고 스스로 내세운 대명 외교의 원칙이 지성 사대입니다. 그런데 피고는 상황이 불리해지자 한문을 버리고 훈민정음으로 문자를 대체하려 했다는 식의 주장을 펼치고 있습니다. 피고에게 묻겠습니다. 훈민정음 창

교과서에는

▶ 세종 대왕 때에 펴낸 『농사직설』은 우리나라 최초의 농서로서 중국의 농업 기술을 수용하면서도 우리 실정에 맞는 독자적인 농법을 정리한 것입니다. 세종 대왕은 백성들에게 농사를 권장하였고, 농업 생산력이 증가할 수 있도록 농업 기술에도 큰 관심을 쏟았습니다.

제 목적 중에 왕조의 정당성을 널리 알리려는 뜻은 없었습니까? 훈민정음 창제 이듬해에 『용비어천가』를 지어 이씨 왕조의 정통성을 노래하지 않았습니까?

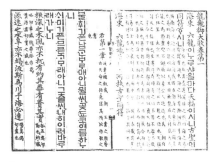

『용비어천가』

세종 대왕 그렇지 않아요. 도대체 어느 나라에서 새로운 왕조가 들어섰다고 해서 그 나라의 정통성 홍보를 위해 새로운 문자를 만듭니까? 나라의 정당성이나 정통성은 지배 계층만 잘 관리하면 됩니다. 즉, 한문으로도 얼마든지 정당성이나 정통성을 확보하는 홍보를 할 수 있지요. 『용비어천가』를 지은 것은 훈민정음을 하나의 문자로서 제대로 점검하는 차원에서 겸사겸사 해 본 것이지, 『용비어천가』를 짓기 위해 훈민정음을 창제했다는 것은 지나친 과장입니다.

김딴지 변호사 저는 단순히 『용비어천가』 하나만을 이야기하는 것이 아닙니다. 훈민정음 창제를 통해 피고가 백성과 직접 소통하려 했던 것 아니냐고 묻는 것입니다.

세종 대왕 아무리 왕조 시대라고 하지만 한 나라의 지도자가 백성과 직접 소통하려고 시도하는 것은 자연스러운 일이 아닐까요? 부왕께서 신문고를 설치한 것도 같은 뜻이라고 보는데요. 그것이 잘못이라는 것입니까?

김딴지 변호사 왕은 신하들을 거느리고 있습니다. 그런데 왕이 의도적으로 신하들을 배제하고 백성과 직접 소통하려고 할 때 신하들의 기분은 어떨까요?

세종 대왕　　그거야 나라도 기분이 좋지 않겠지요.

김딴지 변호사　　바로 그 점입니다. 원고 최만리를 비롯해
정창손 등은 사대주의자여서 훈민정음 창제의 문제점을
지적한 것이 아니라 국가의 기본 질서에 속하는 관리들을 배제하고
왕이 직접 백성과 소통하려는 시도를 반대한 것입니다. 새 문자가
잘된다는 보장이 있는 것도 아니고요. 결과적으로 성공했으니까 우
리는 훈민정음 창제가 무조건 옳았다고 생각하면서 그에 반대한 사
람들을 사대주의니 반민족적이니 하면서 매도하고 있습니다만, 역
사적으로 새 문자를 도입하려 했다가 실패한 사례들이 더 많았다는
점을 고려해 주시기 바랍니다.

이대로 변호사　　지금 원고 측 변호인은 논점을 흐리고 있습니다. 지
금은 훈민정음 창제의 목표나 목적을 이야기하는 자리이지 새 문자
의 성공과 실패를 논하는 자리가 아닙니다. 피고는 성공에 대해서는
이미 확신하고 계셨지요?

세종 대왕　　물론입니다. 어느 누구도 나만큼 운학을 깊이 공부하지
않았고, 주변 나라의 새로운 표음 문자 자료에 대한 수집도 하지 않
았습니다. 나는 운학을 공부하고 자료를 모으면서 우리 조선 사람의
말에 딱 떨어지는 문자를 만들어 낼 수 있다고 확신했고 자신했습니
다. 소리 나는 대로 쓰고 가장 간단한 원리에 따라 최소한의 문자를
만드는 것이 목표였는데 그 길이 보였기 때문입니다. 따라서 성공이
냐 실패냐 하는 고민은 하지 않았어요. 오히려 중국의 눈치나 살피려
는 신하들의 반대로 인해 실패하면 어떡하나 고심을 많이 했습니다.

김딴지 변호사   만일 피고가 비밀주의를 고집하지 않고 공개적인 절차를 통해 신하들을 설득해 가면서 훈민정음을 창제했다면 원고 최만리가 그 같은 반대 상소문을 똑같이 올렸을까요?

세종 대왕   물론 그와 똑같은 내용의 반대 상소문을 올리지는 않았 겠지요. 그러나 어쩌면 창제 과정에서부터 이 같은 불필요한 논쟁이 확산되어 훈민정음은 창제되지도 못했을 것입니다. 내가 살아 있는 동안에 끝내지 못했다면 훈민정음은 흐지부지되었을 테니까요. 내 아들 중에 나처럼 강한 사명감을 갖고 있었던 사람도 없었고요.

판사   원고 측 변호인, 추가로 질문할 것이 있습니까?

김딴지 변호사   없습니다.

판사   피고 측 변호인은 추가로 질문할 것이 있습니까?

이대로 변호사   없습니다.

판사   그럼 이쯤에서 원고 측 증인을 불러 재판을 진행하는 것이 좋겠습니다. 원고 측 변호인, 어떤 증인이 남아 있나요?

김딴지 변호사   '미스터 클린'이라는 별명을 갖고 있는 허조를 증인 으로 신청합니다.

허조가 자신의 별명이 쑥스러운 듯 겸연쩍은 표정으로 증인석으 로 나왔다.

판사   증인은 자신의 경력을 간략하게 소개해 주기 바랍니다.

허조   나는 권근 선생 밑에서 공부했습니다. 고려 말 공양왕 때 문

예제
상중에 지키는 모든 예절과 절차에 관한 제도를 말합니다.

과에 급제해 관리 생활을 시작한 뒤 조선에서 태조, 정종, 태종, 세종 네 임금을 모셨습니다. 나는 주로 의례 문제에 관심이 많아 새 나라의 각종 예제(禮制)를 정비했고, 예조 판서와 이조 판서를 거쳐 좌의정을 지냈습니다. 한쪽에서는 직언을 서슴지 않아 강직하다고 평하고, 다른 쪽에서는 예를 존중하다 보니 보수적이라고 평하고 있습니다.

판사   그러면 증인은 훈민정음 창제와 관련된 분야에서 일한 적은 없습니까?

허조   없습니다.

판사   원고 측 변호인, 증인 신문하세요.

김딴지 변호사   증인께서는 네 왕을 모셨는데요, 그중에서 세종 대왕을 어떻게 평가하십니까?

허조   신하로서 왕을 평가한다는 것이 외람되기는 하지만 이곳이 법정이라 제한적으로나마 내 생각을 말씀드리겠습니다. 전하께서는 늘 백성을 최우선에 두는 통치를 펼치려 하셨습니다. 나도 그 점은 깊이 존경합니다. 다만 그 방법에서는 전하와 나의 생각이 조금 달랐습니다. 나는 조선이 하나의 정치 체제로서 건강해야 한다고 믿었고 지금도 그렇습니다. 고려 말을 살았던 나로서는 왕 개개인의 능력과 성향에 따라 국가가 좌우되어서는 곤란하다고 굳게 믿고 있었습니다. 물론 제가 모신 분들은 훌륭한 왕임이 분명합니다. 그러나 언제든지 폭군이 출현할 가능성이 있는 것이 전제 군주제입니다. 이를 막으려면 제도적으로 견제 장치가 마련되어야 하고, 국왕 교육

제도도 강화되어야 합니다. 제가 예제에 깊은 관심을 가졌던 것도 그 때문입니다.

김딴지 변호사   조금 더 구체적으로 말씀해 주시지요.

허조   이 말은 곧 왕은 왕다워야 하고 신하는 신하다워야 한다는 공자의 가르침과 연결됩니다. 그런 점에서 세종 대왕은 신하들을 조금 제쳐 두려 하지 않았나 하는 생각이 듭니다. 국가를 운영하려면 백성을 위하는 것도 중요하지만 결국 그것을 실현하기 위해 신하들의 도움이 절대적으로 필요합니다. 따라서 어떤 일을 추진하려면 우선 신하들의 동의를 이끌어 내야 합니다. 그런 점에서 볼 때 세종 대왕은 훈민정음 창제 문제에 대해 신하들의 의견을 들으려 하지 않았습니다. 최만리의 상소문 내용에 모두 동의하는 것은 아니지만 원칙적으로 내가 최만리를 지지하는 것도 그 때문입니다.

김딴지 변호사   감사합니다. 한 가지만 더 묻겠습니다. 세종 13년(1431) 당시 아랫사람이 윗사람을 고소할 수 있느냐를 놓고 증인과 피고 간에 충돌한 적이 있지요.

허조   네, 있습니다. 당시 부락민들이 윗사람을 고소할 수 있느냐는 문제를 놓고 전하와 조정 대신들이 격론을 벌인 적이 있습니다. 이 또한 전하께서 일방적으로 문제를 제기했습니다. 당시 전하께서는 "아랫사람이 윗사람을 고소하는 것을 금지하게 되면 사람들이 억울하고 원통한 사정을 펼 곳이 없을 것이니, 개중에 그 자신의 다급한 사정은 이를 받아들여 처리해 주고, 만일 관리를 고소하는 따위의 것은 듣지 않는 것이 어떤가?"라고 물었습니다. 당시에 문신 하연과 같은 사람들은 전하 편에 섰지만 나는 단연코 반대했습니다. 예로부터 부락민들이 윗사람을 고소할 수 없도록 한 것은 그것이 풍속을 파괴하기 때문입니다. 만약 그런 단서를 조금이라도 열어 놓으면 사람들이 앞다투어 고소하게 되어 점차 풍속이 박하고 악하게 될 것이라고 보았기 때문입니다.

김딴지 변호사   그래서 피고는 증인의 반박 의견을 받아들였나요?

허조   아닙니다. 당시 전하께서는 "억울하고 원통한 사정을 보지 않는 것이 어찌 정치 하는 도리가 되겠는가? 그대의 말처럼 한다면 수령이 잘못 판단했을 경우 죄는 어떻게 다스리겠는가?"라고 나를 비판했습니다. 그래서 나는 "백성도 의도적으로 잘못을 저지를 수 있고 수령도 의도적으로 잘못을 저지를 수 있습니다. 결국 조금이라도 더 배운 수령이 의도적 잘못을 저지를 가능성이 더 낮지 않겠습니까?"라고 호소했으나 소용이 없었습니다. 전하께서는 은근히 고집이 세십니다.

이대로 변호사   이의 있습니다. 증인은 피고에 대해 '고집이 세다'는 식의 평가적인 발언을 삼가 주시기 바랍니다.

판사   증인은 주의해 주세요. 그리고 피고 측에서 신문해 주세요.

허조   조심하겠습니다.

이대로 변호사   증인께 한 가지만 묻겠습니다. 왕이 백성을 위해 정치를 하는 것은 당연하다고 생각합니다. 그리고 신하라면 왕을 도와 백성을 위한 바른 정치가 이루어질 수 있도록 보좌하는 것이 책무가 아닐까요? 더욱이 피고와 같은 성군이 개인적인 탐욕을 버리고 오

로지 백성을 위해 일하고자 하는데 지나친 원칙론으로 왕을 견제하려 한 것은 지금 생각해도 지나쳤다고 생각되지 않나요?

허조　　그렇게 생각하지 않습니다. 왕을 보필하는 방법이 하나일 수는 없습니다. 모든 신하가 왕이 하고자 하는 것을 무조건 찬성한다면 국가 운영이 어떻게 되겠습니까? 설령 나의 의견이 잘못되었다 하더라도 왕이 하고자 하는 바를 반대함으로써 왕은 다시 한 번 스스로를 돌아볼 것입니다. 그로써 결국은 백성을 위해 더욱 유익

한 정책을 만들어 낼 테고요. 또, 최종적으로 결정권을 가진 것은 신하가 아니라 왕입니다. 다양한 반대 의견을 적절히 수용하면서 최종 결정을 내릴 때 그 결정은 실패하지 않을 확률이 높은 것입니다.

이대로 변호사 이제 훈민정음과 관련된 질문을 하겠습니다. 증인은 피고의 훈민정음 창제에 대해 어떻게 생각하십니까?

허조 나는 원고 최만리와는 조금 다른 관점에서 훈민정음 창제를 반대했습니다. 나는 훈민정음으로 한문을 대체하는 것 자체를 반대하지는 않았습니다. 다만 훈민정음으로 인해 나라의 위계질서가 무너질 수도 있다고 판단되어 가만히 두고 볼 수가 없었던 것입니다. 사실 사대주의와 관련한 문제에 대해서는 큰 관심이 없습니다. 따라서 이번 명예 훼손 소송에서 내가 원고에게 도움이 되는 증인인지는 자신이 없네요.

다시 본론을 이야기하자면, 가정이 윤리 없이 존재할 수 없듯이 나라도 상하 질서가 잡히지 않는다면 한시도 유지될 수 없다고 생각합니다. 왕이나 신하들은 종종 백성들의 편의를 돕는 일이라며 자신들의 욕심을 채우려 합니다. 그러나 그런 욕심이 만일 기본적인 질서까지 무너뜨리려 한다면 나는 결사코 반대할 것입니다.

이대로 변호사 그럼 증인은 훈민정음이 나라의 기본 질서를 무너뜨릴 수도 있다고 보신 겁니까?

허조 네. 전하께서 훈민정음을 만든 가장 큰 이유 중의 하나가 법률 조문을 훈민정음으로 번역하겠다는 것이었습니다. 그러나 법률은 권위가 있어야 합니다. 훈민정음으로 법률을 번역할 경우 법의

권위는 땅에 떨어지고 맙니다.

이대로 변호사　백성들이 법을 알게 되면 범법 행위를 피하게 되어 범죄로부터 멀어질 수도 있다는 생각은 안 해 보셨습니까?

허조　그것이야말로 인간을 모르는 한가로운 소리입니다. 문자가 보급된다고 해서 범죄가 줄어들고 교화가 이루어진다고요? 그럼 문

성악설
사람의 본성은 이기적이고 악하
다고 보는 학설입니다.

성선설
사람의 본성은 선천적으로 착하
다고 보는 학설입니다.

자를 아는 사람은 죄를 안 지어야지요. 하지만 현실은 그
렇지 않습니다. 흉악한 자가 문자를 익히고 법률을 알게
될 경우 오히려 법망을 피해 나갈 궁리만 하게 됩니다.

이대로 변호사   증인은 성악설을 믿는 겁니까?

허조   글쎄요. 원칙적으로는 거기에 가깝습니다. 그런데
백성에게 법을 알도록 하자는 성선설에 담긴 문제점 하나
는 지적하고 싶습니다. 그렇다면 백성은 선하고 관리들은 악하다는
겁니까? 논리적인 모순이지요. 백성을 불쌍하게 여겨 좋은 통치를
함으로써 백성들을 편안하게 해 주는 것이 중요하지, 백성의 선함을
믿고 그들에게 문자를 가르쳐 법망을 피하게 하는 것이 뭐가 중요합
니까? 오히려 위험하지 않을까요?

이대로 변호사   이 문제는 상당히 중요한데요. 이 점을 보다 분명히
하기 위해 피고를 통해 몇 가지 확인하도록 하겠습니다. 피고는 지
금까지 증인 정인지, 김문, 성삼문, 최치운, 허조의 증언을 다 들으셨
습니다. 오늘은 주로 허조 증인의 발언과 관련된 피고의 생각을 들
어 보도록 하겠습니다. 먼저 피고는 성선설과 성악설 중 어느 쪽을
믿으시는 편입니까?

세종 대왕   난 통치자이지 철학자가 아닙니다. 성선설과 성악설은
실은 둘 다 유학에 속하지요. 선한 마음과 악한 마음은 뒤섞여 있을
겁니다. 문제는 누가 어떻게 통치하느냐에 따라 사람들 마음속에 있
던 선함과 악함이 서로 겨루어 어느 한쪽이 두드러질 수 있다고 생
각합니다. 내가 역사적으로 극찬을 받을 만큼 좋은 정치를 하려고

애썼던 것도 그런 마음에서 비롯된 것이지요.

이대로 변호사　알겠습니다. 증인 허조는 원고와는 달리 정인지 이상으로 피고의 총애를 받았던 인물입니다. 그런데 그는 조금 전 최만리와 거의 다를 바 없는 견해를 보여 주었습니다. 왜 피고는 최만리는 미워하면서도 허조를 그렇게 총애하셨는지요?

세종 대왕　아까 허조가 했던 말에 그 답의 절반이 있다고 봅니다. 아까 분명히 허조는 훈민정음으로 한문을 대체하는 것 자체를 반대한 것이 아니라 훈민정음이 국가 질서를 흔들까 봐 걱정했다고 말했습니다. 이처럼 허조는 경직된 듯해도 유연합니다. 조선이라는 국가를 가장 먼저 생각하기 때문입니다. 하지만 최만리는 그런 점에서 경직되고 또 경직된 신하였습니다. 허조도 신하의 권한을 중시하지만 왕의 권한을 넘어서려 하지 않았습니다. 그러나…….

이대로 변호사　됐습니다! 나머지 발언은 본 안건과 관련이 없을 듯합니다.

김딴지 변호사　판사님, 지금 증인이 중요한 발언을 하려는 순간 피고 측 변호인이 불순한 의도로 증언을 중단시켰습니다. 왜냐하면 원고의 허물이 어디서 비롯된 것인지를 알 수 있는 중요한 단서가 나오려 했기 때문입니다.

이대로 변호사　판사님, 지금 원고 측 변호인은 증인에게 압박을 행사하고 있습니다.

판사　피고 측 변호인의 주장을 받아들이겠습니다.

김딴지 변호사　판사님, 피고가 더 이상 증언하지 않는다 하더라도 문맥과 논리로 보자면 이미 피고는 할 말의 대부분을 한 셈입니다. 한마디로 원고는 끝까지 자기 입장을 고수한 신하였다는 것입니다. 하지만 그것은 일종의 괘씸죄는 될지언정 사대주의적 행위는 아니지요.

이대로 변호사　판사님, 지금 원고 측 변호인은 피고가 하지도 않은 말을 근거로 억지 주장을 내세우고 있습니다. 판결에 반영되지 않도록 해 주시길 요청드립니다.

판사　참고하겠습니다. 이제 양측의 주장과 사실은 충분히 들었다고 판단됩니다. 이번 재판에서는 피고가 훈민정음을 혼자 만든 것인지, 또 훈민정음을 만든 목적은 무엇이었는지를 살펴보았습니다. 이상으로 세 번의 재판을 모두 마치겠습니다. 잠시 휴식한 후 원고와 피고의 최후 진술을 들어 보기로 하지요.

다알지 기자

오늘 있었던 마지막 재판에서는 세종 대왕
이 왜 훈민정음을 만들었는지를 둘러싸고 치열한
공방전이 전개됐습니다. 양측에서 정인지, 성삼문, 최치운, 허조 등을
증인으로 불러 서로 한 치도 밀리지 않는 팽팽한 공방을 이어 갔는데
요, 특히 눈길을 끈 증인은 단연 성삼문이었습니다. 세종 대왕의 최측
근이었기 때문에 피고에게 유리한 증언을 하리라 예상했는데 뜻밖에
도 최만리의 강직한 면을 부각시켜 피고 측을 곤란하게 만들기도 했습
니다. 그러나 최치운 증인은 세종 대왕의 속 깊은 백성 사랑을 다른 측
면에서 증언해 주어 피고 측에 새로운 힘을 실어 주었습니다. 그럼 지
금부터 이번 재판의 향방을 가늠하는 데 결정적 역할을 했다는 평가를
받고 있는 성삼문 씨와 최치운 씨를 만나 보겠습니다.

성삼문

　　사실 이런 공개석상에 나오지 않으려고 했어요. 조선에 살 때 사람들은 나를 기개와 지조의 학자라고 했지만 나는 단종을 지켜 주지 못한 죄인이거든요. 그래서 역사공화국으로 이주해 와서는 사실상 은둔 생활을 하고 있었는데, 정인지가 사람을 시켜 자신이 세종 대왕의 재판에서 증언을 하는 데 좀 도와달라고 부탁하더군요. 나는 오히려 궁지에 몰린 최만리의 억울함을 풀어 주는 데 도움을 주고 싶어 정인지의 청을 못 이기는 척 받아들였어요. 그렇다고 거짓 증언을 했다는 것은 아닙니다. 당시의 실상을 사람들이 정확히 아는 것만으로도 최만리에게 조금은 도움이 될 것입니다. 더 이상은 언급하지 않겠습니다.

최치운

  나는 훈민정음이 창제된 순간을 지상 세계
에서 직접 보지는 못했습니다. 하지만 세종 대왕
께서 얼마나 백성을 아끼는 마음으로 이 일들을 감당
하셨을지 누구보다 잘 알 것 같습니다. 이런 순수한 마음과 열정을 왜
곡하고 비하했던 최만리를 이곳에서 만나니 마음이 좋지 않더군요. 하
지만 나의 확실한 증언이 세종 대왕께 큰 도움이 되었을 것을 생각하
면 속이 후련합니다. 백성들의 더 나은 삶을 위해서 훈민정음 외에도
많은 업적을 세우신 것을 감안한다면 이번 재판의 결과는 크게 고민하
지 않아도 알 수 있습니다. 더 이상 훈민정음의 가치를 훼손하지 않았
으면 좋겠습니다.

나라를 위해 충언을 했을 뿐
나는 사대주의자가 아닙니다
vs
백성을 사랑하는 마음으로
훈민정음을 만들었지요

판사　이로써 원고 최만리와 피고 세종 대왕에 대한 세 번의 재판이 모두 끝났습니다. 우리는 이번 재판을 통해 훈민정음 창제 반대 상소문에 담긴 다양한 의미를 새롭게 생각해 볼 수 있었습니다. 또한 훈민정음을 만든 세종 대왕의 깊은 백성 사랑, 그리고 왕의 큰 뜻을 위해 각자 자기 자리에서 역량을 최대한 발휘한 뛰어난 인재들의 나라 사랑과 충성을 감명 깊게 지켜보았습니다. 이제 판결에 앞서 원고와 피고 양측의 최후 진술을 듣도록 하겠습니다. 먼저 원고부터 나와서 최후 진술을 해 주시기 바랍니다.

최만리　존경하는 판사님, 그리고 배심원 여러분, 지난 시간 동안 나는 생각지도 않던 사대주의자로 몰려 말할 수 없는 고통을 겪어야 했습니다. 나의 후손들조차 자신들이 집현전 학사 최만리의 후손임을 자랑스럽게 내세울 수 없었습니다. 자랑은커녕 오히려 손가락질과 비난의 대상이 되고 말았습니다.

이번 재판은 나 한 사람에 국한되는 문제가 아니라고 생각합니다. 시대의 흐름에 따라 시대정신은 바뀔 수 있습니다. 그런 변화는 그 자체로 소중한 것입니다. 그런데 시대가 바뀌었다고 해서 이전 시대에 거의 모든 사람들이 올바르다고 했던 것을 하루아침에 내팽개쳐서는 역사의 발전을 기대할 수 없습니다.

물론 나, 최만리는 앞뒤로 꽉 막혀 답답하다는 평을 들었던 사람입니다. 하지만 그랬기 때문에 이 눈치 저 눈치 안 보고 할 말은 당당하게 할 수 있었던 것입니다. 훈민정음에 대한 나의 상소문이 모두 옳았다고는 생각하지 않습니다. 그러나 그런 비판을 했다는 이유만으로 말꼬투리를 잡아 나를 사대주의자라고 낙인찍은 풍토는 결코 바람직하지 못합니다.

이번 재판은 나 한 개인에 대한 재판으로 끝나는 것이 아니라 우리 후손들이 살아갈 나라가 다른 사람들의 의견을 개방적으로 받아들이는 열린사회로 가느냐, 조금이라도 다른 의견은 허용하지 않는 닫힌사회로 가느냐를 판정하는 중대한 결정입니다. 판사님의 사려 깊은 결단을 기대합니다.

세종 대왕　　한 나라의 왕을 지낸 사람이, 아무리 역사공화국의 법정이라고는 하지만 이런 자리에 서게 되어 대단히 유감스럽습니다. 물론 나도 원고 최만리가 사대주의자로 몰리게 된 정황에 대해서는 안타깝게 생각합니다. 그렇다고 해서 내가 피고가 되어 마치 훈민정음 창제가 불필요하고 그릇된 작업인 것처럼 매도되면서 그동안 재판이 진행되어 온 것에 대해서는 솔직히 좋은 생각을 갖기 힘듭니다.

판사님께 묻고 싶습니다. 내가 한 잘못이 무엇인지요? 분명히 말씀드리지만 나는 최만리의 명예를 훼손한 적이 없습니다. 왜냐하면 나는 그를 향해 사대주의자라고 낙인찍은 적이 전혀 없기 때문입니다.

아무쪼록 현명한 판단을 통해 21세기 우리 후손들이 편하게 사용하고 있는 한글에 조금이라도 부정적인 영향이 미치지 않기만을 바랄 뿐입니다.

판사 　잘 들었습니다. 그동안 재판에 성실하게 임해 준 원고와 원고 측 변호인, 피고와 피고 측 변호인, 그리고 증인 여러분께 깊은 감사를 드립니다. 세 번의 재판과 원고, 피고의 최후 진술, 그리고 재판을 지켜본 배심원단의 의견을 모두 종합하여 판결을 내리도록 하겠습니다. 이상으로 재판을 마칩니다.

　　땅, 땅, 땅!

　왜 세종 대왕은 훈민정음을 만들었을까?

역사공화국 한국사법정 재판 번호 24 최만리 vs 세종 대왕

주문

원고 최만리의 명예가 훼손되었다는 점은 인정한다. 하지만 그것이 피고 세종 대왕 때문이라고 보기는 어렵다. 따라서 피고의 공식적인 사과 요구는 기각한다.

판결 이유

원고 최만리에 대한 명예 훼손 소송과 관련하여 원고를 사대주의자라고 낙인찍은 것은 근거 없고 따라서 부당하다고 본다. 앞으로 사석을 제외한 공개된 회의석상이나 인쇄물, 간행물 등에서 최만리에 대해 사대주의자라는 표현을 쓸 때는 그에 합당한 충분한 근거를 제시했을 때만 허용한다.

훈민정음 창제의 부당성을 인정하지 않은 피고에 대한 사과 요구는 기각한다. 훈민정음은 창제 이래 백성들이 쉽게 익힐 수 있어 거둔 이익이 크고, 현대에는 한민족 최고의 발명품이자 세계적으로도 탁월한 문자로 인정받고 있다. 즉, 피고 세종 대왕이 원고의 의견을 받아들이지 않은 것이 오히려 피고의 혜안을 보여 주는 증거가 되고 있기 때문이다.

훈민정음을 오늘날 한국인의 소중한 문화유산이자 그 우수함을 세계적으로 인정받고 있는 인류의 문화유산이다. 이에 원고는 오늘의 재판 결과를 계기로 명예 훼손의 부담을 떨치고, 마음을 열고 훈민정음의 위대함을 함께 공감해 볼 것을 권하는 바이다.

역사공화국 한국사법정 담당 판사 정역사

"문화를 대하는 올바른 태도가 필요해!"

역사공화국 법정 뉴스를 진행하는 다알지 기자가 법정 앞에서 발에 땀이 나도록 뛰어다니고 있다. 바로 오늘 세종 대왕과 최만리 재판의 판결문이 나왔기 때문이다. 그동안 다알지 기자는 이 재판과 관련된 특집 방송을 준비하느라 정신이 없었다. 이번 특집 방송에서는 특별히 세계적인 언어학자를 초빙해 이야기를 들어 볼 예정이다.

드디어 방송이 시작되고, 다알지 기자가 카메라를 보며 진행을 시작했다.

"안녕하세요, 시청자 여러분. 오늘 나온 재판 결과는 다들 보셨지요? 세기의 재판으로 불리던 훈민정음과 사대주의, 세종 대왕과 최만리의 대결은 일대일로 끝난 셈이 되었습니다. 재판부는 훈민정음의 명예와 최만리의 명예를 동시에 살려 주는 선에서 판결의 근거를 찾은 것으로 보입니다. 이제 중요한 것은 우리가 한글을 더욱 사랑하는 동시에 한글의 세계화를 위해 힘써야 할 때라는 것입니다. 그런 의미에서 이번 특집 프로그램을 마련했습니다. 이번 재판을 처음부터 끝까지 지켜보았던 언어학자가 있습니다. 세계 각국의 언어를 비교 분석하고 방대한 저서를 남기신 나한글 박사를 스튜디오에 모셨습니다. 나 박사님, 안녕하십니까?"

"안녕하세요. 반갑습니다."

"나 박사님께서는 세계적인 언어학자로서 이번 재판을 모두 지켜보셨는데 어떠셨습니까?"

"하하. 아무래도 관심 분야다 보니 흥미진진하더군요. 사실 한글만큼 위대한 언어도 없지요."

"물론입니다. 그런데 혹시 외국에서는 한글이 어떤 평가를 받고 있는지 알 수 있을까요?"

나한글 박사는 기자의 질문을 기다렸다는 듯이 눈을 반짝이며 이야기하기 시작했다.

"좋은 질문입니다. 사실 오늘 내가 소개하고 싶은 이야기도 바로 그것입니다. 지상 세계에 있는 각국의 언어학자들은 이미 한글의 우수성을 인정하고 있어요. 미국 메릴랜드 대학 교수인 로버트 램지는 한글보다 뛰어난 문자는 없으며 세계의 알파벳이라고까지 강조했습니다. 뿐만 아니라 맥콜리 전 시카고 대학 교수는 한글날은 한국 사람뿐만 아니라 언어학자라면 반드시 기념해야 될 경사스런 날이라고 이야기했답니다. 심지어 한글날 자기 집으로 학생들을 불러서 파

티를 열기까지 했다는군요. 대단하지 않습니까?"

나한글 박사의 말이 끝나자 스튜디오가 술렁였고, 다들 한글의 위대함을 새삼스레 깨달았다는 표정들이었다. 기분이 좋아진 나한글 박사의 설명이 계속 이어졌다.

"언어학자를 비롯한 해외의 많은 인사들이 한글의 우수성을 인정하고 있는데, 여러분이 잘 아는 미국의 유명한 작가 펄벅도 이미 한글은 전 세계에서 가장 훌륭한 글자이며 세종 대왕은 한국의 레오나르도 다빈치라고 극찬을 아끼지 않았답니다."

"펄벅이라면 소설 『대지』로 퓰리처상을 받고 미국 여류 작가로는 최초로 노벨 문학상을 수상하신 분 아닙니까? 대단하군요. 그렇다면 한글이 이렇게 우수하다는 평가를 받는 이유는 무엇일까요?"

"그 이유에 대해서도 지상 세계 학자들의 이야기를 빌려서 말씀드리지요. 세계 각국의 문자를 비교해 온 유명한 언어학자인 스티븐 로저 피셔 박사는 일본어와 비교해서 한글은 한문 없이 독립할 수 있는 위대한 글자라고 평했답니다. 또한 만든 이가 분명한 거의 유일한 문자이며, 효율적인 체계를 가지고 있다고 이야기했지요."

다알지 기자가 흥미롭게 듣는 모습을 보자 나한글 박사는 좀 더 덧붙이기로 했다.

"한글은 일단 자음과 모음을 한눈에 식별할 수 있다는 점이 훌륭합니다. 또한 자음의 형체가 그 소리를 발음할 때의 입술이나 입, 혀의 모양을 나타내고 있다는 사실에 대해서는 미국의 제어드 다이먼드라는 학자도 분석한 바가 있지요. 한글은 우리가 아는 것 이상으로

왜 세종 대왕은 훈민정음을 만들었을까?

과학적이면서 독창적이랍니다. 게다가 한글을 창제한 세종 대왕의
인본주의 정신에 대해서도 로버트 램지 교수는 높이 산 바 있습니다.
한 나라의 가장 높은 자리에 있던 왕이 백성의 사정을 헤아리고 그들
이 누구나 글을 읽고 쓸 수 있도록 하고자 했다는 사실 자체가 위대
한 것입니다!"

"그렇습니다. 새삼 한글에 대한 자부심이 더 생기는 것 같습니다.
그렇다면 나 박사님께서는 한글 창제를 반대한 원고 최만리의 생각
이 틀렸다고 보십니까?"

"음, 이건 조금 민감한 질문인데요. 최만리가 훈민정음에 대해서 반대했던 것은 선택의 문제이지 맞고 틀리고의 문제가 아니라고 생각합니다. 위대한 한글의 창제를 반대했다는 게 괘씸하게 보이지만, 당시의 시대정신이 그러했다는 것을 감안할 때 최만리의 입장도 이해가 갑니다. 학문을 중시했던 그들의 눈에는 한글이 너무 단순하게 보였을 수도 있습니다. 앞서 언급했던 스티븐 로저 피셔 박사는 한자를 혼용해서 사용하는 일본어가 한글에 비해서 어렵기 때문에 더 많은 공부를 필요로 한다는 점을 지적했습니다. 이는 언어가 쉬울 경우 학문을 깊게 연구할 수 없을 것이라는 최만리의 생각에 어느 정도 수긍할 수 있는 근거를 제공하지요.

또한 최만리는 대외적으로는 명나라와의 관계 악화, 대내적으로는 나라의 근간인 신분 질서가 흔들릴 수도 있는 상황을 매우 위험하게 보았습니다. 어쩌면 최만리도 자신의 방식으로 이 나라를 사랑했던 것은 아닌지 생각해 볼 필요가 있지요. 그런 의미에서 이번 재판은 매우 뜻깊었습니다."

"마지막으로 한글과 같은 우리 문화를 대하는 우리들의 올바른 자세에 대해서 한 말씀 해 주시지요."

"하하. 핵심적인 질문을 주시네요. 사실 요즘 우수한 우리 문화의 가치에 대해서는 잘 알지 못하고 외국 문화를 더 세련되고 고급스러운 것이라고 높게 평가하는 태도가 많이 보이고 있어요. 이러한 태도가 심해지면 우리도 모두 사대주의자라는 비판을 피해 갈 수 없을 겁니다. 물론 한편에서는 우리 문화만을 우수하다고 여기고 다른

왜 세종 대왕은 훈민정음을 만들었을까?

문화에 대해서 무시하는 태도도 문제가 되고 있습니다. 이는 세계화 시대의 문화 교류에 큰 걸림돌이 될 것입니다. 문화에 대한 좁은 견해를 버리고 다른 문화를 인정하고 우리 문화의 창조력에 대해서도 업신여기지 않는 태도가 필요합니다."

"네. 오랜 시간 인터뷰에 응해 주셔서 감사합니다."

나한글 박사와 다알지 기자의 긴 인터뷰가 끝나자 카메라가 다알지 기자를 클로즈업 했다. 다알지 기자는 인터뷰를 시작할 때보다는 좀 더 차분하면서도 힘 있는 표정으로 마무리 멘트를 했다.

"한글의 독창성과 과학성, 더 나아가 그 안에 담긴 세종 대왕의 높은 뜻을 배울 수 있는 귀한 시간이었습니다. 우리 문화의 창조 능력을 인정하고 다른 문화에 대해서도 열린 마음으로 받아들일 수 있는 자세가 필요하다는 생각을 해 보며, 지금까지 법정 뉴스의 다알지 기자였습니다."

훈민정음이 탄생한 곳, 경복궁 수정전

서울시 종로구에는 경복궁이 있습니다. 경복궁은 조선 왕조의 궁으로, 조선 시대에 만들어진 다섯 개의 궁궐 중 첫 번째로 만들어진 곳이지요. 이 경복궁의 근정전 서쪽, 경회루 연못 앞에는 '수정전'이 있습니다. 월대(궁궐의 중요한 건물 앞에 놓이는 넓은 대) 위에 세워진 건물로, 정면 10칸, 측면 4칸으로 이루어져 있지요.

우리나라 보물 1760호이기도 한 경복궁 수정전은 세종 대왕 때 집현전으로 사용되어 더욱 유명해졌습니다. 세종 대왕 때에는 이곳에 왕실의 도서를 비치하여 집현전 학사들이 밤낮을 가리지 않고 글을 읽었던 곳입니다. 그래서 왕에게 주요 정책을 자문하고 건의하는 곳이기도 했고, 한글을 창제한 곳이기도 하였지요.

수정전 정면에는 넓은 월대가 만들어져 있고, 월대의 정면에는 계단이 세 곳에 설치되어 있습니다. 그중 중앙의 계단은 좌우 계단과 차이가 있는데, 이것은 왕의 출입이 잦은 곳임을 의미한다고 합니다. 아마 세종 대왕도 이곳에 자주 드나들며 많은 인재들이 학문을 발전시키도록 북돋웠을 것입니다. 그래서 밤늦도록 책을 읽다가 잠이 든 신숙주에게 웃옷을 벗어 덮어 주기도 하였지요. 이렇게 세종 대왕이 학사들을 독려한 덕분에 집현전으로 쓰이던 당시의 수정전에서 훈민정음이 창제될 수 있었던 것입니다.

　사실 집현전 건물은 임진왜란 때 불에 타고 말았습니다. 그래서 고종 때 재건하여 수정전으로 불렀지요. '수정'이란 '정사를 잘 수행함'이라는 의미라고 합니다. 이 건물은 갑오경장 때는 군국기무처로 사용되기도 하였어요. 광화문 안의 궁궐 내에서 근무하는 관리들이 업무를 보는 궐내각사가 지금은 수정전밖에 남아 있지 않지만, 예전에는 많은 궐내각사가 있었다고 합니다. 왕과 가까이 있으면서 행정 업무를 담당하던 곳도 있었고, 궁궐을 호위하던 곳도 있었으며, 기록을 담당하던 곳도 있었지요. 그런데 지금은 수정전 하나밖에 남아 있지 않습니다. 많던 궐내각사들이 안타깝게도 일제 시대에 모두 철거되었기 때문입니다.

찾아가기　주소　서울 종로구 사직로 161

수정전

수정전 현판

『역사공화국 한국사법정 24 왜 세종 대왕은 훈민정음을 만들었을
까?』와 관련한 논술 문제를 풀어 봅시다.

※ 다음 제시문을 읽고 물음에 답하시오.

(가) 세종 대왕은 농사짓는 백성들의 생활을 걱정했습니다. 나라의
근본은 백성이라고 생각했기 때문이지요. 그래서 백성들이 굶
주리지 않도록 정초와 변호문 등에게 명해 농사짓는 법을 자세
히 적은 『농사직설』이란 책을 펴냅니다.

(나) 세종 대왕은 관청에서 일하는 노비 중 재주가 뛰어나다고 소문
난 장영실을 노비에서 벗어나게 해 주고 벼슬까지 내립니다. 장
영실은 이후 해시계, 물시계, 측우기까지 만들어 내지요.

장영실이 만든 자격루(물시계) 모형

(다) 세종 대왕은 음악에 뛰어난 박연을 불러 우리에게 필요한 악기를 만들 것을 명합니다. 박연은 연구 끝에 돌을 갈고 닦아 두드리면 소리가 나는 편경을 만들어 냅니다.

(라) 세종 대왕 때 우리나라는 걸핏하면 왜구의 침입을 받았습니다. 백성들은 곡식을 빼앗기고 마을은 불타곤 했지요. 그래서 세종 대왕은 이종무를 쓰시마 섬으로 보내 왜구를 물리치게 합니다.

(마) 세종 대왕 때 우리나라는 우리글이 없어서 중국의 한자를 빌려 썼습니다. 세종 대왕은 백성을 생각하는 마음으로 집현전 학사들과 연구 끝에 훈민정음이라 이름 붙인 우리글을 만듭니다.

1. (가)~(마)는 세종 대왕의 업적을 분야별로 서술한 것입니다. (가)~(마)를 읽고 세종 대왕이 이룩한 업적의 공통점을 쓰시오.

※ 다음 제시문을 읽고 물음에 답하시오.

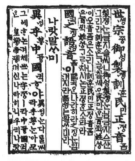

목판본 〈월인석보〉

28자로 된 훈민정음은 혼자서는 소리 낼 수 없는 닿소리 17자와 홀로 소리 낼 수 있는 홀소리 11자로 되어 있습니다. 닿소리는 어금닛소리인 'ㄱ, ㅋ, ㆁ'과 혓소리인 'ㄴ, ㄷ, ㅌ, ㄹ', 입술소리인 'ㅁ, ㅂ, ㅍ', 잇소리인 'ㅅ, ㅈ, ㅊ, ㅿ', 목구멍소리인 'ㅇ, ㆆ, ㅎ'으로 나누어져 있습니다. 이것은 소리 나는 기관의 모습을 나타낸 것이에요.

홀소리에는 'ㆍ, ㅡ, ㅣ, ㅗ, ㅏ, ㅜ, ㅓ, ㅛ, ㅑ, ㅕ, ㅠ'가 있습니다. 이것은 하늘(ㆍ)과 땅(ㅡ), 사람(ㅣ)의 모양을 나타낸 것이지요.

2. 위의 글을 읽고, 훈민정음의 과학성에 대해 서술하시오.

왜 세종 대왕은 훈민정음을 만들었을까?

해답 1 (가)는 세종 대왕이 정초와 변호문 등에게 명해『농사직설』을 펴내게 했다는 내용이고, (나)는 세종 대왕의 총애를 받던 장영실이 해시계, 물시계, 측우기를 만들었다는 내용이고, (다)는 세종 대왕이 박연으로 하여금 편경을 만들게 했다는 내용입니다. 그리고 (라)는 이종무로 하여금 왜구를 물리치게 했다는 내용이고, (마)는 집현전 학사들과 함께 훈민정음을 만들었다는 내용입니다.

세종 대왕이 (가)~(마)와 같은 일을 한 데에는 '백성을 사랑하는 마음'이 밑바탕에 깔려 있었음을 알 수 있습니다. 그리고 세종 대왕이 뜻을 이룰 수 있도록 도운 현명한 신하들이 있었다는 것이 공통점입니다. 정초와 변호문 등이 없었으면『농사직설』도 없었을 것이고, 장영실이 없었으면 측우기도 없었겠지요.

해답 2 훈민정음은 독창적인 원리로 만들어진 과학적인 문자입니다. 다른 문자를 본뜬 것이 아니라 사람의 발음 기관과 천, 지, 인의 모양을 본떠 만들었지요. 그리고 몇 개의 기본 자를 만들고 여기에 획을 더해 가며 나머지 글자를 파생시킨 점도 과학적입니다. 그래서 익히기가 매우 쉽지요.『훈민정음 해례본』「서문」에 "슬기로운 이는 아침 먹기 전에, 어리석은 이라도 열흘이면 깨칠 수 있다"고 한 것이 거짓이 아닐 정도입니다.

* 해답은 예시로 제시된 내용입니다.

역사공화국 한국사법정 24

왜 세종 대왕은 훈민정음을 만들었을까?

© 이한우, 2011

초   판 1쇄 발행일 2011년 4월 10일
개정판 1쇄 발행일 2013년 11월 15일
       7쇄 발행일 2023년 8월 1일

지은이   이한우
그린이   이남고
펴낸이   정은영

펴낸곳   (주)자음과모음
출판등록   2001년 11월 28일 제2001-000259호
주소   10881 경기도 파주시 회동길 325-20
전화   편집부 (02) 324-2347 경영지원부 (02) 325-6047
팩스   편집부 (02) 324-2348 경영지원부 (02) 2648-1311
이메일   jamoteen@jamobook.com

ISBN 978-89-544-2324-3 (44910)

철학자가 들려주는 철학 이야기 (전 100권)

아이들의 눈높이에 맞춘 철학 동화!
책 읽는 재미와 철학 공부를 자연스럽게 연결한 놀라운 구성!

대부분의 독자들이 어렵게 느끼는 철학을 동화 형식을 이용해 읽기 쉽게 접근한 책이다. 우리의
삶과 세상, 인간관계에 대해 어려서부터 진지하게 느끼고 고민할 수 있도록, 해당 철학 사조와 철
학자들의 사상을 최대한 풀어 썼다.

이 시리즈의 가장 큰 장점은 내용과 형식의 조화로, 아이들이 흔히 겪을 수 있는 일상사를 철학 이
론으로 해석하고 재미있는 이야기로 담은 것이다. 또한 아이들의 눈높이에 맞는 쉽고 명쾌한 해
설인 '철학 돋보기'를 덧붙였으며, 각 권마다 줄거리나 철학자의 사상을 상징적으로 표현한 삽화
로 읽는 재미를 더한다. 철학 동화를 이끌어가는 주인공을 형상화하고 내용의 포인트를 상징적으
로 표현한 삽화는 아이들의 눈을 즐겁게 만들어준다. 무엇보다 이 시리즈는 철학이 우리 생활 한
가운데 들어와 있고, 일상이 곧 철학이라는 사실을 잘 보여준다. 무엇보다 자기 자신을 극복한다
는 것, 인간을 사랑한다는 것, 진정한 인간이 된다는 것, 현실과 자기 자신을 긍정한다는 것 등의
의미를 아이들의 시선에서 풀어내고 있다.

과학공화국 법정시리즈 (전 50권)

생활 속에서 배우는 기상천외한 수학 · 과학 교과서!
수학과 과학을 법정에 세워 '원리'를 밝혀낸다!

이 책은 과학공화국에서 일어나는 사건들과 사건을 다루는 법정 공판을 통해 청소년들에게 과학의 재미에 흠뻑 빠져들게 할 수 있는 기회를 제공한다. 우리 생활 속에서 일어날 만한 우스꽝스럽고도 호기심을 자극하는 사건들을 통하여 청소년들이 자연스럽게 과학의 원리를 깨달으면서 동시에 학습에 대한 흥미를 가질 수 있도록 구성하였다.